U0620486

编著

TOPYS.

(PRO———
POSER 2)

提案者
2

广西师范大学出版社
· 桂林 ·

TOPYS. 策划团队

总策划：黄永敏 罗薇

执行策划：马湉湉

文案：TOPYS. 编辑部

www.topys.cn

序 |

好的提案者多少有些"反骨"，对"存在的就是合理的"保持怀疑，对改变世界和自我实现极具信念。他们觉得应该怎么样，就动手去打破、去创造。你以为他们应该怎么样，他们往往并非那样。

颂扬长效生活的长冈贤明，并不是一味过着"古朴"的生活，而是同样懂得欣赏经典跑车，足见好设计可以在各种意义上穿越时间。

全球知名动画公司 BUCK 的执行创意总监加里斯·奥布莱恩，最热衷谈论的并非大创意，而是"流程、流程、还是流程"。

明星设计师施德明宣告退出商业设计，也并非因为什么艺术家洁癖，只是既然学会了设计这门语言，就不舍得只用来说商业。

位于蒙特利尔市中心的演艺区 QDS，从红灯区被打造成世界级文创园，大笔一挥，城市即剧场。

这种种意料之外，正是我们立体看待创意商业世界的必需。

这几年，提案数量肉眼可见地变少，但是提案者的脑力激荡依然静水流深。那些成功的提案也许是天时、地利、人和的加法，而我们做的，就是尝试梳理这些偶然背后的必然，供你捕捉。

CONTENTS

目 录

戴夫 · 贝尔 ｜ Dave Bell

加里斯 · 奥布莱恩 ｜ Gareth O'Brien

施德明 ｜ Stefan Sagmeister

李在敏 ｜ Jaemin Lee

长冈贤明 ｜ Kenmei Nagaka

Creative Design

创意设计提案者 —————————

当你的角色从"创作者"变为"提案者",就意味着你所生产的内容需要具备解决问题的价值。

旧有经验已经失灵,新型内容生产方式亟待重构,与日俱增的新需求和复杂的思想环境呼唤我们重新聚焦"创意"本身——无法被标准化、无法被总结为方法论、无法被复制和挪用的那部分。

在这个板块里,我们找到了那些尝试用创意性思维打破固有命题的提案者。他们或是用一些其他人不敢用或想不到的表达,找回了生活中险些丢失的幽默感;或是打破了商业活动中需求与执行之间的固有关系;或是把产品的生命周期上升到了生活价值载体的地位——我们相信,了解一个冒险者出发的底气,比获得他的工具箱更重要。

戴夫·贝尔 | Dave Bell

KesselsKramer 公司创意合伙人

自 1996 年加入 KesselsKramer 后，戴夫·贝尔协助公司从小规模的初创企业，迅速发展至如今以真诚、幽默和个性化风格闻名的国际知名创意公司。为了涉猎不同的创意项目，KesselsKramer 公司还在伦敦创办了集创意、艺术、出版于一身的 KK Outlet。戴夫·贝尔负责所有国际合作业务，服务于 Diesel、Timberland、Fairphone、Absolut、Red Stripe、USA Today 等多个国际品牌，同时与 citizenM 酒店自对方 2008 年成立起就保持着长期合作关系。

Dave Bell

"

我不觉得广告有什么价值，

说实话，

我宁愿它不存在。

"

一个案例了解戴夫 · 贝尔

把你的脸挂在城市中央

citizenM 酒店与 KesselsKramer 最近合作的项目颠覆了传统的户外广告（OOH）和公关活动的模式，巧妙地将酒店的外立面打造成二十层楼高的巨幅图片展，以当地社区中个性十足的居民作为模特，表达城市亲切、友好、开放的特质。

"我也讨厌广告，所以我得想个解决方案"

相比于 4A 广告公司，KesselsKramer 的名头也许并不那么响当当，但光是听他们 logo 的来历就足以让人觉得：这就是我的"梦中情司"啊！

这家创立于 1996 年的广告公司拥有一个古色古香的 logo。金属质感的马蹄铁中间有一个同样质感的马头，下面一块小小的标牌上简单地写着"KesselsKramer"。

你一定以为这是一家和马或者赛马有着某种渊源的机构，然而并不是，他们和马没有半毛钱关系。

实际上，KesselsKramer 的 logo 一开始仅有文字部分，就像个简单的门牌。当他们在阿姆斯特丹成立时，一位同事在当地市集买回了那个马头装饰物，并将它和标牌一起挂在了工作室的门上，久而久之，马头装饰物变成了一个吉祥物般的存在，最后就演变成了 logo 的一部分。

是的，就是这么随意。

这个故事是 KesselsKramer 创意合伙人戴夫·贝尔在参加"MINDPARK 创意大会 2023"期间告诉我的。

我当时的第一反应是感觉意外，但震惊了三秒之后，觉得这一切"非常 KesselsKramer"，带着某种幽默的反叛和坚持。当其他公司花重金重新设计 logo，又或者为了迎合时代与潮流，不断调整自己的"门面形象"时，他们却以这么无所谓的态度决定了代表自己形象的符号，且一直沿用至今。

你很难不为这种随性又有坚持的态度打动。

"并不是一家广告公司"

KesselsKramer 是一家独立广告公司，由 Erik Kessels 和 Johan Kramer 创立，在阿姆斯特丹、伦敦和洛杉矶各有一个工作室，员工有五十人左右，来自十个不同的国家和地区。虽然做的是帮品牌商家打广告的事儿，但他们更喜欢自称为一家"沟通代理商"。

> "我们更喜欢交流。广告很多时候是单向输出的，而我之所以很喜欢我们的工作是因为，很多时候，我们并不讨论品牌，我们讨论的是人。我们不断转换视角，尝试探索不同受众的身份。"

是的，KesselsKramer 信条八：总是带着一面镜子（Always carry a mirror）。

这不是让你顾影自怜，欣赏自己的美，而是记得除了自己的视角外，还有一个"镜中世界"，一个完全翻转的角度。戴夫指出，太多营销人员"太爱自己的品牌和产品"，他们沉醉其中，希望同身边每个人分享，却常常忽视了在这一过程中，那个接受分享的"人"才是最重要的。

> "我们和很多酒店有合作，也从中学到很多。在市场营销中，一切都是关于产品和消费者的，一切都关乎'交易'。但在酒店里，有主人和客人，主人为客人服务。我想这是个更好的思考广告的角度，即我们是主人，占用一些空间，告诉你一些事情。"

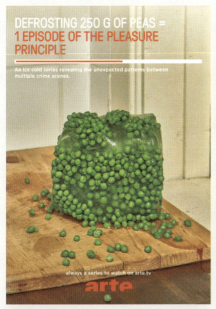

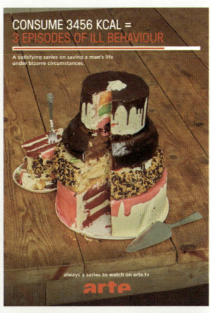

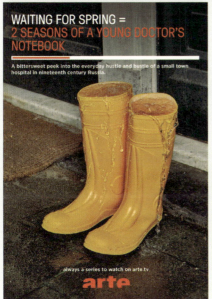

KesselsKramer 为德法公共电视台设计的宣传海报，2020

所以，当德法公共电视台（ARTE）计划在某个冬天上线 30 部剧集（包括新剧和一些从未在平台播放过的老剧）时，KesselsKramer 并未将宣传重点放在剧集上。相反，他们将焦点放在了那些需要一部剧来打发时间的时刻：解冻 250 克豌豆的时候、消耗 3 456 千卡的时候、两周居家隔离的时候……不管时间长短，总有一部合适的剧，助你度过无所事事的时光。

带着"卖卖卖"的心态做营销，很容易让所有表述都变得浮夸且虚假。这里所说的虚假，并不一定是"假信息"，而是当我们采用过度美化和包装后的话术与消费者沟通时，这个对话本身就已"失真"。

而 KesselsKramer 认为，真诚是沟通中很重要的部分。

他们的诚实有时甚至让你替他们捏把汗。在他们最著名的 Hans Brinker 酒店营销案例中，你完全想不通一家酒店是如何通过这种"很真诚但过分了"的提案的。他们为这家酒店做的营销案例，甚至汇编成了一本书——《世界上最糟糕的酒店》（*The Worst Hotel in the World*）。

内容是自嘲式的，宣传也是自嘲式的——一本用来垫桌子的书。

这个酒店很环保：环保的毛巾，也就是没有毛巾，你可以用窗帘代替。同理，环保的电梯，就是没有电梯，爬楼梯多健康啊！

请注意，书中左页海报上的男子就是戴夫本人，实际上，他在这本书里担任

《世界上最糟糕的酒店》，2009

了多张海报的主角，可以说"戏里戏外"都在践行节省、环保的理念。

你可能再也找不出第二家酒店敢这样明明白白地袒露自己的"差"，但它同时也向你保证：不会再差了，我们在尽力做得更好，比如，贴心地将枕头上有污渍的地方翻过去藏在你看不见的位置，又或者，在房间里贴一张海景海报，以弥补全然无窗的缺憾。

当然，酒店也会做些"升级"：电梯故障的标牌，我们将它做得更精致了；咖啡可以额外提供一把（没用的）勺子。

这些广告充满了幽默的自嘲，但作为一则"广告"，你不得不说，它非常冒险，甚至戴夫自己也承认，类似的操作并不是每次都奏效，"因为我们合作了很久，大概十七年，彼此非常信任，所以他们更容易接受这样的内容"。

但正是这种反常的操作，让 Hans Brinker 酒店以很小的成本收获了巨大的媒体声量，也成了众多经济型酒店中最具态度的那个。

如果同样是花小钱住糟糕的房间，那何不选择一个看上去更"酷"的呢？也许正是由于这个原因（大概也因为它们的选址往往临近一些著名景点和博物馆），虽然条件很差，但 Hans Brinker 酒店的房间仍旧会被背包客、学生订满。

为不喜欢广告的人做广告

用今天的眼光来看，Hans Brinker 酒店无疑是非常勇敢的甲方，在今天的市场，你几乎看不到敢于这样诚实自嘲的品牌了（有的话也多是用看似自嘲的话来自夸）。对于经历过行业黄金时期的戴夫来说，曾经那些充满勇气的合作伙伴是令人怀念的，"创作伟大的作品需要勇气"。

但他同时表示，自己并不怀念过往。"现在仍旧有人愿意做一些勇敢的尝试。另外，行业在很多方面都变得更成熟了，人们变得更多元，这点很重要，在过去，多样性（的缺失）是一个很大的问题。"

大概正是这种"不怀念"的态度，让他能够一直活跃在这个行业，"为所有不喜欢广告的人做广告"。《为所有不喜欢广告的人做广告》（*Advertising for People Who Don't Like Advertising*）是 KesselsKramer 出版的另一本书，记录了他们的创意方法，并采访了不少了不起的创意人。他们的官网上如此介绍这本书：

> "这是一本给每一个在广告时间泡茶的人的书。它讲述了广告为什么让我们生气、厌烦或愤怒，以及它为什么不必这样。"

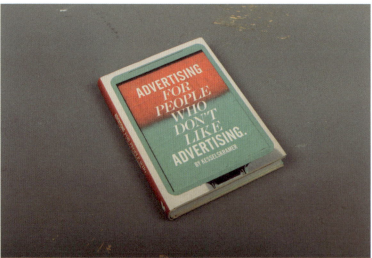

《为所有不喜欢广告的人做广告》，2012

14

这里不得不提 KesselsKramer 信条四：广告不健康（Advertising is unhealthy）。

戴夫从实习开始就跟着 KesselsKramer 的创始人工作，随他们一起建立工作室，从一个文案写手一步步成长为今天的合伙人。他从入行至今没有离开过这个行业，甚至没有离开过 KesselsKramer。于是，我本能地想：他应该看到了这个行业的价值吧。

可当我就这个问题询问他时，他犹豫了一下。在首先承认了广告这一形式在商业世界的经济价值之后，他话锋一转：

> "我不觉得广告有什么价值，说实话，我宁愿它不存在。我们每天都被六到一万条广告信息狂轰滥炸，太需要一个空旷的空间喘口气了。我觉得百分之九十的广告都没有价值，我也讨厌广告，但我身处这个行业，所以要想些解决方案，利用其中的机会，创造一些有意义的价值，多一些深刻的思考，多一些可持续性，少一些信息轰炸……我觉得人们只是讨厌看糟糕的广告。"

尽量不随波逐流

不过，今天的创作环境似乎变得更复杂了，多样化的媒体给广告人提出了新的挑战。曾经，只需要做一个广告片，或者一个艺术展、一系列户外广告，但现在，广告人需要考虑更多途径。戴夫说："在二十世纪九十年代，广告创意更简单，客户很勇敢，也有更多钱，你可以以非常简单的方式提炼创造力，但现在，一切变得碎片化了。"

特别是新冠疫情之后不景气的大环境让客户变得更谨慎、预算更少，"你必须把有限的小预算分成更小的部分用到 Instagram 投放、YouTube 热门视频、内容制作、策略等方面，在这之后，它（创意）会被稀释"。

但他同时指出，媒介并不是最核心的问题，一则好广告最重要的还是其本身得是一个好的作品，能实现有效交流，解决问题，"只是卖卖卖的内容，会让人非常恼火"。这也就是为什么他认为传统载体不会消失，新媒体不是万能的，而客户一上来就提出"想要一个有影响力的营销活动"是非常错误的开始。

KesselsKramer 信条十二：聪明的开始会让后面的一切更加顺畅（Start smart, then it's all downhill）。

"你得告诉我们你想要解决什么问题，然后，我们用一个好的、有创意的想法来帮助你解决它，我们会解答把这条信息放在哪里是最好的。"所以，当你觉得他们的作品看上去很像胡来，如 Hans Brinker 酒店的广告，那背后一定指向的是一个他们想要解决的问题——Hans Brinker 酒店的环境确实糟糕，与其粉饰，不如直面。

KesselsKramer 为位于洛杉矶市中心的 citizenM 酒店设计的户外广告，2021

大概也因为同样的理由，他们并不太关注热门意见领袖（KOL），或者，用戴夫自己的话来说，他们喜欢和那些"有影响力但不自称'网红'的人合作"。他又提到和 citizenM 酒店的合作，在酒店的洛杉矶店开业时，他们和洛杉矶当地的摄影师科琳娜·斯基亚沃内（Corinne Schiavone）合作，拍摄了 52 个当地非常具有艺术感、创造力的面孔，并在酒店的外墙上展览。

> "他在自己的领域是很有影响力的，因此，他会从自己作为街头摄影师的视角来完成这个项目。但一般的网红，他们只是在利用粉丝对自己的'个人崇拜'推销酒店。酒店付他们钱或为他们提供免费住房，然后得到许多他们在房间里的美照，仅此而已。一切效果仅和网红的粉丝数相关，他们无法带来新的受众，或将你的信息传递给新的人……也许我这样说有失公允，我不是排斥网红，我只是觉得，这已经成了一个行业，有些人确实在做着出色的内容，但更多的只是去跟风填补空缺。"

上班做私活？带着全公司呀

在接触戴夫之前，我就已经被 KesselsKramer 有趣的官网和设在教堂里的办公室，以及办公室天花板上的一匹马圈粉了。为此，我还专门询问了戴夫，为何要把马倒挂起来。答案就像他们的 logo 上有匹马一样"无聊"：

> "设立伦敦办公室的时候，我去采购装饰品，然后发现了一个与实物大小相当的塑料马，我就买了一匹。后来有同事说'我们为什么不把它放天花板上呢'，于是，我们就这样做了。没有什么深思熟虑，就是意外。"

没有什么寓意，也没有什么故事，就是纯纯的"意外"，却造就了一个"办公室奇观"，这是一种属于 KesselsKramer 的松弛感。在这个事事都要上价值、挖深意的时代，他们的率性而为反而显得独特而稀有。有时候你不得不承认，创意并不都来源于"深意"或"价值"，它很多时候就是略微逾越日常的"意外"。

他们支持员工做各种创意尝试，哪怕是"摸鱼"进行，"如果你想做一本书，很好，你可以利用一部分工作时间去做，我们有文案写手，有摄影师，都可以与你合作进行这本书的创作。这是我们很重要的文化组成部分，我们愿意培育任何一个让你有热情的项目"。这大概能解释为何一句看似随口提出的"我们为什么不把它放天花板上呢"会被接受。

"和头脑灵光相比，心灵的自由和感觉的敏锐更能派上用场"，在一个全公司乐于跟你一起"做私活"的地方，你既能葆有心灵的自由，也能培养敏锐的感觉，而生活便能成为一口永不枯竭的灵感之井，供你挖掘出意想不到的宝藏。难怪在 KesselsKramer 工作了二十五年，戴夫仍旧感觉自己还有很多可做的。毕竟，只要生活在持续，便总有"意外"会发生。

加里斯 · 奥布莱恩 | Gareth O'Brien

BUCK 工作室执行创意总监

加里斯 · 奥布莱恩于 2007 年加入 BUCK，亲手组建了悉尼办公室，并担任执行创意总监。BUCK 是全球顶尖的创意设计工作室，以动画制作见长，成立于 2004 年，集合了导演、制片人、数字艺术家、图形设计师、插画师和动画师等多类型创意人才，为耐克、苹果、Instagram、IBM、爱彼迎、谷歌等品牌创作了许多充满想象力的商业作品，也曾参与网飞的成人向动画短片合集《爱、死亡和机器人》以及索尼动画电影《蜘蛛侠: 纵横宇宙》等影视作品故事内容的创作，拿下过包括艾美奖、戛纳狮子国际创意节、克里奥广告奖在内的一百五十多个国际重要奖项。

Gareth O'Brien

"

如果你想从动画设计师变成美术总监、

动画总监或执行总监，

沟通和组织能力会变得

比设计技术本身更加重要，

你唯一能做的就是拥有这些能力。

"

一个案例了解加里斯·奥布莱恩

爱彼迎 Aircover 计划

爱彼迎推出的 Aircover 计划为用户提供了变革性保障服务，为了将这一功能展示给用户，BUCK 与建筑公司 House Special 合作推出了一部广告片，展现了一个完全手工建造的微型建筑梦境。这是一部实拍结合 CG（计算机图形学）的片子，其中，人物、房型、室内装饰、不断变化的景观和过渡场景都是基于爱彼迎民宿的场景和故事进行设计的，展示了爱彼迎民宿的异国情调，而 CG 角色则代替真人，在其中沉浸式地享受了一个无压力的假期。

顶尖动画公司的成功秘诀，
不在于如何"搞创意"

黑格尔在《美学》一书中曾提到，想象的活动和完成作品中技巧的运用，作为艺术家的一种能力单独来看，就是人们通常所说的灵感。

这句话点出了充满灵感的艺术创作中的两个重要因素——想象力和技巧，二者缺一不可。空有充沛的想象力，但缺少将之转化为作品的技巧，纵然是天才般的创意，也只能遗憾地与世人失之交臂。

今天，我们谈论创意和创造力时，似乎更倾向于探索背后的理念和想法，一旦视线落到将之转为现实的技术和过程，似乎一句轻飘飘的"经费在燃烧"，就能概括出它们之所以能够带来震撼效果的原因。

可是，纵然达·芬奇画鸡蛋的故事不一定是真的，我们也不能否认，不管艺术创作还是商业创意，"技"在当中充当的角色都是十分重要的。这也就是创意设计工作室 BUCK 的执行创意总监加里斯·奥布莱恩所讲的"你不能在不知道限制的情况下进行设计"——一个连鸡蛋都画不好的人，如何能画出蒙娜丽莎的微笑呢？

因此，我们就大致能理解，为何在分享与介绍 BUCK 的"成功之道"时，加里斯·奥布莱恩会将重点放在团队协作和工作方式上了。

BUCK 被誉为"全球动画创意天花板式的存在"一点儿也不为过，但当我们尝试一探其背后的"成功秘诀"时，加里斯·奥布莱恩带来的分享似乎显得过分平淡了——团队协作让梦想成真（Team work makes the dream work），这是个小学生也能一眼看懂的浅显道理，但只有成为项目团队的一员，才会明白知易行难。如何实现真正的协作？我们将 BUCK 的经验总结成了一些可"照葫芦画瓢"的实操方法论。

利用"小项目"，培养同事间的默契

"我们喜欢不断涌现的小项目，"加里斯·奥布莱恩说，"团队中不可能每个人都一直在忙，所以，我们会利用员工的空闲时间，让他们合作完成一些小项目，探索、体验和发现新技术，增强默契度。"

比如，他们会让二维动画部门和三维动画部门的同事合作，在这一过程中，前者可以学习建模，后者则能了解如何设置一个角色。

> "我们喜欢这样的工作方式，通力合作才能产生更好的创意。"

这也能进一步促进不同业务组的同事熟悉对方的工作方式、流程和技术，因

小项目练习

贡茶澳大利亚广告片中两位主角背的书包，2023

26

为你不能在不知道限制的情况下进行设计。比如，当时间有限时，你就不能设计过分花哨、炫目的效果，否则动画制作的时间就会增加。因此，尽可能采用多种方式来保持不同部门、岗位间有充分的沟通和了解，是非常重要的。

新客户的截止日期很紧，怎么办？

以 BUCK 为贡茶制作的广告片为例。贡茶在进入澳大利亚市场时，找到了 BUCK 为他们制作宣传片，要求在七周内完成一个三维动画，"这时间还是挺令人焦虑的"，因此，BUCK 采用了一些"提速"小技巧。

首先，做好"客户管理"。并不是所有客户都清楚动画制作的流程，特别是贡茶这样第一次合作的客户。因此，让客户了解项目推进的流程，如设计、动画制作等非常重要，"需要让客户明白为何我们需要在进入下一个阶段前确定某些工作，如果（他们）不能及时反馈，我们就没办法按时交付"。

其次，在创作过程中，他们会思考是否可以"重复"使用一些素材，或基于创意简化一些设计。比如，在贡茶这个广告里，两个女孩背的书包就是一模一样的，仅做了颜色上的区分。"书包可以让观众知晓她们的学生身份，并不是一个特别重要的道具，因此我们采用了这样的方式来减少设计工作。"

再次，因为广告内容是"珍珠奶茶"，他们便顺势提取了"圆形"作为几何设计基础以简化工作。加里斯·奥布莱恩以当中的一棵植物为例解释道：设计一棵有树干、枝丫和树叶的植物，需要花很长的时间来建模，而一棵由"四个球"组成的树，会让一切变得简单很多。

最后，他们以客户的孩子为片中两位主角命名，这极有效地拉近了和客户的关系，也算是推进项目顺利完成的一个小巧思。这一方法在他们为爱彼迎制作的广告中也有运用，当中一只小狗的原型就是爱彼迎首席执行官家的爱犬。

动画师最重要的能力是什么？

沟通能力。

这听起来很疯狂，但加里斯·奥布莱恩指出，如果你想要在这个行业有进一步的职位提升，沟通是最为关键的能力。

"我的意思是，你当然需要一些天赋，你也需要有激情。要成为一名优秀的设计师或动画设计师需要很长时间，你需要练习、练习，再练习，变得更好。"他说，"但我认为沟通能力和组织能力非常重要，因为你要经常和其他人一起工作，你需要能够阐述自己的想法，给予反馈，且能接受反馈而不感到被冒犯。另外，你还要能够与客户交谈，在任务不清楚的情况下去理解简报的真实意图，等等，我很看重这些能力。因此，如果你想从动画设计师变成美

贡茶澳大利亚广告片，2023

术总监、动画总监或执行总监，沟通和组织能力会变得比设计技术本身更加重要，你唯一能做的就是拥有这些能力。"

技术无论新旧，都值得尝试

人工智能（AI）是目前人们讨论最多的技术之一，而在创作领域，它还面临着很多挑战和质疑。对此，加里斯·奥布莱恩指出，BUCK 也在尝试使用人工智能，"我们对此还没有明确的态度，有的同事喜欢它，为人工智能的出现感到兴奋，有些人则担心自己的工作被抢走。我认为这也是我工作的一部分，管理和平衡大家的不同意见"。

加里斯·奥布莱恩表示，悉尼办公室目前尚未在图像生成上使用人工智能技术，但已尝试运用 ChatGPT 进行写作和校正语法、拼写等。当涉及商业项目时，他们需要将客户的需求和要求纳入考量，确保对方能够接受，"我们的合作机构明确表示过不想看到任何人工智能的运用"。

另一方面，在传统技术的运用上，BUCK 同样具有实验精神。

他们为爱彼迎拍摄的短片 *Aircover*，使用了"实拍 +CG"的方式，其中，人物采用电脑制作，场景则全部由手工搭建、实景拍摄。该片最后一个画面需要一个非常大的定格动画拍摄支架（rig），为此，他们找到一个原本属

Mailchimp 项目插画

于光影魔幻工业（ILM）的支架，将其用专车从加利福尼亚运到波特兰。整个拍摄过程是由运行 MS-DOS 系统的软盘来进行控制的。

加里斯·奥布莱恩也非常喜欢定格动画，享受远离电脑，亲手"制作"一个故事的过程。他从一名设计师、动画设计师一路成长为执行创意总监，并一手组建了今天的悉尼团队。他坦言自己离开"创作"已有一段时间了，因此，相比于寻找灵感和创意，他聊得更多的是实实在在的"无聊"的管理工作——如何管理团队，如何与客户沟通，如何与不同艺术家和创意机构协调工作安排……

可是，对一个全球范围内拥有六百余人的公司来说，也许正如他所说，工作方法和工作内容同等重要（How we work is as important as what we make）。为创作者提供一个优秀、安全、良性的工作环境，就是在帮助创意生长、结果。

加里斯·奥布莱恩介绍，随意、扁平是 BUCK 团队的特点，这种"扁平"不是说没有等级，而是每个人在工作和项目中都享有平等的表达权，如果那是一个好主意，无论是总监提的还是新人提的，都将被采纳。同样，他们也允许足够高的容错率，让每个人在失败之时都能感受到来自团队的支持。

他所讲的很多关于沟通、协作的内容，相信对于很多人来说都是不必多言的"大道理"，但 BUCK 确实将之视为一种重要的企业文化，并在努力践行。在我看来，这当中更具启发性的要点在于，当提到"创意公司"时，我们往往会将关注点放在"创意"之上，而加里斯·奥布莱恩对 BUCK "成功之道"的拆解让人恍然大悟，在创意背后，任何一家公司想要更好地在商业世界生存，团队协作和团队组织都是绕不开的重要课题。

这或许是"基本功"，但当中所需的智慧和创造力，相信一点儿也不比创作少。

"耐克意料之外的跑步对话"（Nike Unexpected Running Conversations），2022

施德明 | Stefan Sagmeister

设计师、Sagmeister 公司创始人

施德明的设计风格极具幽默感和探索性，他曾为滚石乐队、卢·里德（Lou Reed）等进行唱片装帧设计，并两度获得格莱美奖，同时涉足广告、品牌、家具、装置艺术等领域，几乎包揽了所有重要的国际设计奖项。施德明是一位全方位的国际艺术家，其作品在世界各地的博物馆展出，其中，"The Happy Show"是历史上参观人数最多的平面设计展。

Stefan Sagmeister

"

设计是一门语言，

我不想只用来说商业。

"

一个案例了解施德明

纽约视觉艺术学校形象海报

在为纽约视觉艺术学校（School of Visual Arts，简称 SVA）设计"加入吧"（Take it on）海报时，施德明发现自己的团队和该校之间存在密切的联系——他与合伙人杰西卡·沃尔什（Jessica Walsh）分别在 SVA 为研究生和本科生任教，而另一位同事圣地亚哥·卡拉斯基亚（Santiago Carrasquilla）则是本科毕业于 SVA，于是，他大胆地使用了三个人的肖像来做形象海报。

我是施德明，我不止于此

大概在二十五年前，王序编写了一套设计师丛书，其中一本介绍的是奥地利裔美籍设计师 Stefan Sagmeister，王序为他取了个中文名——施德明。

施德明一直模糊地知道这个中文名的存在，却不太懂它的意思。他和王序的交集始于在香港时的工作经历。当时在奥美工作的他，主要服务的是国泰航空头等舱客户、渣打银行私人客户、香格里拉酒店客户等，使用的主要语言和设计字体都是英文。

2023 年，我在采访中为他简单讲解了这个中文名的字面意思，他听到"明"是明亮（bright）的意思时，他的整个神情也明亮起来，觉得自己的名字"都是好字儿"。

当时他刚过六十岁，告别商业设计已经四年，作为拥有一个在中国设计师圈内家喻户晓的中文名字的老牌设计明星，他最近在想什么呢？

商业设计很好，但是我做够了

Q：离你宣布告别商业设计项目已经四年了，会想念吗？

A：一点儿也不，商业项目我做够了。刚开始做唱片封面的时候，我觉得很棒，很喜欢，但做了五十个封面之后，这事就不再那么有趣了，品牌设计也是一样。我可以做得更多，所以，我一点儿也不想念（商业设计）。

Q：不过，我看到你还是经常在社交平台（Instagram）上点评其他人的作品。

A：当然，我仍然很喜欢商业作品。我认为优秀的人从事商业设计很重要，它会影响世界的面貌。我从来不觉得设计师最后应该成为艺术家，我也不讨厌销售，我的两个兄弟从父母那里接管了商店，他们就是销售员。

我只是觉得我完成了自己的职责。很早我就发现设计是一种语言，你可以用它来说很多东西，如果只谈论商业是有点怪的。就好像我如果学会中文，不会只用它来谈生意，我当然还会想跟人聊点别的。

Q：作为一位相当著名的设计师，在和客户沟通的时候，你会处于较强势的一方吗？

A：你的意思是，谁来决定设计和策略的方向吗？

我认为这是一个混合体。对于业务，客户比我了解得多得多，但我比客户更了解如何与用户沟通。所以，谈到业务是什么、如何做、产品和服务如何达到质量要求，这些由客户负责，而谈到如何向公众传达，我们应该主导和负责。

对于商业客户，我们的提案总是只展示一个方向，而不是三个、五个。如果客户说我们错了，那我们就讨论和那个方向相反的东西。这种策略能起作用是因为我们在认真倾听。如果你同时展示五个方向，那么你并不是在努力做到最好，而只是试图说服客户。这是两件非常不同的事情。如果做五个方向，我会追求平庸的东西，因为我会想，也许客户喜欢那个，也许他们喜欢红色。做一件好作品比做五件平庸的作品要困难得多。

我们遇到的唯一问题是，决策者不参与提案。所以，只有当决策者参与简报和会议时，我们才会接这个项目。因为如果决策者不在场，那么其他人就会猜测他的喜好——他是不是喜欢红色呢？

我们没有发展得太快，收到的项目需求总是比能做的多，所以我们可以选择——这个项目不做，因为决策者不参与其中；因为时间太紧；因为我们不喜欢这个产品。

Q：你能说出不喜欢哪种产品吗？

A：哦，很多很多。比如，我们不喜欢读的那种新闻，还有烟草、石油等。但我们之所以能这么做，是因为工作室规模的增长速度没有那么快。后来，杰西卡希望壮大，工作室最多的时候有二十五个人，这对杰西卡来说合适，但对我来说太多了。

施德明为卢·里德设计的唱片封面，1999

Q：所以，这是你们的主要分歧吗？你们现在联系得多吗？

A：对。我们时不时会碰面，相处得不错，但我们处在人生中不同的阶段，她比我年轻很多，想做更多的商业项目，我不讨厌商业项目，但对我来说它不再有趣。

设计师必须个性外向吗？

Q：你同时在做设计教育，在选择学生上有什么样的偏好？

A：我们每年大概会收到三百份申请，最后选择二十个，主要根据作品来选择，有时还有面试，英语好是必要的，是一个外向的人也很重要。

Q：必须性格外向吗？我认识很多设计师，他们有的挺沉默的。

A：我不认为这是必需的，但我认为这很有帮助，因为课堂上大家需要互相帮助，一起交谈和进步。就像我鼓励人们一起工作，而不是在家工作一样。

一旦你成为一名设计师，有能力把事情做成（to be able to make things happen）就十分重要。有想法是一回事，但能真正实现这个想法又是另一回事。因此，如果你能讨论它，坚持它，捍卫它，那将非常有帮助。

我见过一些设计师的初始作品非常好，但最终的成品太可怕了，因为客户对它的更改完全是灾难级的。我认为设计师的职责之一是捍卫作品，说服客户、卖给客户，并确保它以原本的方式存在。如果我看到一个设计师拿着作品集说，"看，这个作品最初是这样的，但最后出街的时候成了这个鬼样子"，那其实我对他会没那么尊敬。况且，如果是一个不太爱说话的设计师，他如何与客户合作呢？

Q：在很多公司中，设计师并不是直接与客户交谈的人，有专门的项目经理负责与客户对接。

A：我的天哪，我们在香港的时候就是这么做的，那是一场灾难。可怕，可怕，可怕！根本没有机会捍卫作品。

不只是人工智能，任何技术都只淘汰入门级的人

Q：你曾经说，不要被好看所限制，但有时我发现你的设计会令人"不太舒服"，比如，蟑螂。你认为大胆的视觉效果与不舒服之间的关系是什么？

A：我认为作为一名设计师，你可以使用各种策略——幽默、惊喜，或者震惊，这取决于你如何使用它们。

如果你是一名电影导演，你可能有九十分钟的时间与观众在一起，光线很暗，大家注意力集中。但是平面设计师与观众接触的时间非常短，你可能只有半秒面对观众，幸运的话有三秒。因此，提供惊喜非常重要，有时是美丽的惊喜，有时是喜悦的惊喜，有时是丑陋的惊喜。我们过去

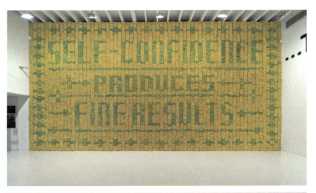

施德明在纽约的戴齐主题馆展出的"香蕉墙"（Banana Wall），2008

成功尝试过所有这些策略，这意味着它们都是合理的。

Q：这么多设计师在线上发作品给你点评，你从中看到了什么趋势吗？

A：大多数设计趋势都依赖于技术。每次开发新技术时，你都会看到它带来了一些趋势。但是大多数人都只是用新技术做最简单的事情，比如，当 Photoshop 刚出现时，每个人都尝试用最简单的工具和最简单的滤镜，做出了一些非常糟糕的作品。

最近，我确实看到了一些关于人工智能的优秀作品。人工智能可能会成为一个强大的工具，但应用它非常难。我也尝试做了一个人工智能项目，最终它并没有真正按照我想要的方式工作，现在我们在 3D 软件上做。

人工智能非常复杂、深奥，我很难预测它到底会带来什么结果。但你可以看看过去的技术发展，它们大多时候只是淘汰了低端的从业人员。当 iPhone 变得如此出色且易于使用时，它淘汰了低端摄影师，但摄影大师是没有办法满足于用 iPhone 工作的。

笼统地说，我相信我们作为人类，最终会更多地将技术用于做好事，而不是做坏事。就像锤子，更多的人还是用它来盖房子，而不是杀死他们的邻居。

E 人还是 I 人？

Q：你的日常生活是怎样的？

A：在纽约的时候，我一般早上五点半就起床，跟着 VR 运动半小时左右，然后学西班牙语。通常七点半或八点，我已经坐在桌前了。我总是从最困难的部分开始工作，那就是创意和设计，如果有精力，会做到下午，有时没有太多精力，我就会早点切换到简单的工作，比如，电子邮件、客户会议、采访之类的。

Q：我有点好奇，您知道 MBTI 测试吗？就是在回答很多问题之后，它可以告诉你，你是哪一种性格。例如，I 人一般更愿意独处，E 人则外向很多。

A：所以这是一个性格测试？我没做过。不过我想我是一个混合体，两个都喜欢。我每天必须社交一次，所以经常在晚上出去见朋友。但我也喜欢集中精力、真正高效率地完成工作。

Q：接下来你想尝试什么？

A："渐入佳境"（Now Is Better）展览今年（2023 年）还会在韩国首尔举办一场。此外，我想继续研究"长期思考"，因为我发现确实有两种看待世界的方式。如果从短期来看世界，一切似乎都很糟糕，如灾难、野火、丑闻、事故，新闻总是让很多人认为一切都很糟。但如果从长远来看，比如一百年，你会发现现在的情况虽然糟糕，但比以前好多了。

因此，我认为作为一名传播设计师，我必须指出，还有另一种看待世界的方式。

"渐入佳境"展览，东京，2023

48

Q：也许看到这些之后，人们内心可以找到一丝平静。

A：我也这么想，我们行动起来一起对抗世界上的错误是非常重要的。

放弃商业设计，没有放弃间隔年（gap year）

Q：放弃商业设计，是否意味着你的间隔年习惯也结束了？

A：不，我还在保持间隔年的习惯。你的意思是，我已经在做自己想做的事情了，为什么还需要一年来间隔呢？因为我想改变方向。这些年来，我发现"不同的方向"非常有用，所以我仍然会这样做。

Q：对于那些没办法做到工作七年间隔一年的人，你有什么建议呢？

A：我觉得每个人都可以做到。我做过一次关于间隔年的演讲，也和很多人交谈过，他们之中有穷人、成功的人、有孩子的人、没有孩子的人、在大公司工作的人、在小公司工作的人等各种各样的人。间隔年很困难，你会非常害怕，但只要你不害怕，就可以做到。

Q：记得你之前在巴厘岛度过间隔年，下一次的目的地是哪里呢？

A：可能会去南美，但还不太确定，这次准备和女朋友一起去，这是我以前从未做过的。对我来说，尝试以不同的方式做某事很重要，所以我不想再去巴厘岛了，这太容易了，现在我在巴厘岛都有朋友了。

Q：世界上有这么多著名的、才华横溢的设计师，为什么你在中国设计师中如此受欢迎？简直是个超级明星。难道是因为你有一个中文名字？（笑）

A：没错。（笑）

我认为这可能与我曾经为非常著名的客户工作有关。在工作室成立之初，我们为许多明星制作了唱片封面，客户的名声也给我们带来了光环。

Q：你在二十多岁的时候就搬到了纽约，对吗？能不能简单分享一些你之前在奥地利的经历？

A：是的，我是1986年搬到纽约的。我在奥地利一个叫普兰肯斯的小镇长大，它位于山间的一个湖畔，很原始，很漂亮。我所有的兄弟姐妹现在还住在那里，所以我经常飞回去。我喜欢奥地利，它是一个让人感觉很舒适的小国家，维也纳经常被人们评选为世界上最宜居的城市。

Q：如果退休，你打算回去吗？

A：不，我喜欢纽约。而且像很多设计师一样，我不会退休。

"渐入佳境"展览，东京，2023

李在敏｜Jaemin Lee

studio fnt 设计工作室创始人、联合总裁兼艺术总监

李在敏是一位平面设计师，同时也是三只猫的全职"爸爸"。他于 2006 年创立了 studio fnt 设计工作室，担任艺术总监，负责视觉创作和管理，与各种文化活动展开合作。他指导策划了"2021 韩国国际字体双年展：一只龟和一只鹤"，并在我国广州和澳门举办过个展。此外，他曾担任一些著名设计奖项和活动的评委，包括法国肖蒙国际平面设计双年展等，其作品也曾入选著名的海报竞赛和设计奖。

Jaemin Lee

"

我不想做一些看起来很酷的东西，

而想做会有人放在抽屉里或者书架上

珍藏的东西。

"

一个案例了解李在敏

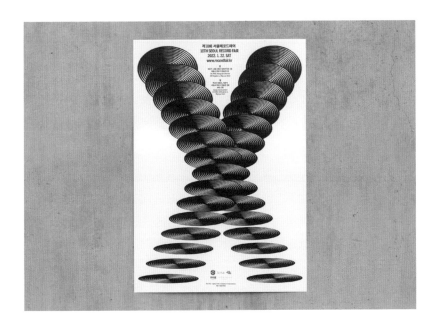

首尔唱片节（Seoul Record Fair）主视觉设计

首尔唱片节创办于 2011 年，是首尔第一个集合了唱片公司、音乐家和音乐爱好者的本地销售活动。十多年间，首尔唱片节的视觉形象一直由 studio fnt 负责。该系列作品曾获得 INTL 设计艺术节（2018）、美国 CORE77 设计大奖（2015）等多项国际设计赛事的奖项。

用"想被放在抽屉里珍藏"的理念，
做最"流行"的设计

谈论"韩国设计"并不是一件容易的事情，因为你会发现，韩国设计并不特意强调"韩国"这个标签。如果把谈论的尺度拉到更远，纵观整个韩国文化娱乐产业，也会窥见相似的走向——最为人称道的 K-POP（韩国流行音乐）包含来自大量古典音乐和世界音乐的采样。韩国是首个拥抱流媒体的亚洲国家，也是一块能够"轻易"创造爆款商业模式的奇妙土地。从数据上来看，韩国文娱产品呈现了"出口金额大，利润率高"的典型特点——它们在整个文化面貌里强调的更多的是"东亚性"及"国际性"。

这种覆盖面更广的特点，归根结底是一种对"共识性情感"的更深的觉察，换言之，韩国文化产品中暗含了对中性和经典的一致追求。恰恰因为游离于所谓的"流行"与"趋势"之外，它们往往具备了某种非典型性和差异化，反而变成了"流行"。

韩国著名设计工作室 studio fnt 被誉为"韩国千禧一代的设计偶像"。日本杂志 *IDEA* 曾向创始人李在敏提问，如何营造这种能够流行起来的、迷人的怀旧风格。李在敏的答案也颇有意思，他先是否认了这种"风格"是自己独有的，是被"塑造"出来的，而认为这是基于信息传达和存在于人之间共识性感受所达成的效果；其次否定了"流行"，说出了"最新的事物往往会变成最无聊的"这样颇具朋克态度的言论。

"我不想做一些看起来很酷的东西，而想做会有人放在抽屉里或者书架上珍藏的东西。"即便他也会在作品中使用丰富的色彩，或抓人眼球的大字，但都没有令人感到"冒犯"或"出格"的观感。他还向我介绍了一个有趣的理论：一个人在二十五岁到三十五岁的时候输出的内容，往往并不是"当下"的，而是在五岁到十五岁的时候见到的、经历的。这种时间的滞后性，宛如一种重新拭去灰尘后的惊喜，让那些"当时只道是寻常"的文化呈现出更自然、更妥帖的形状，也让这种时下的"稀缺"有了更明确的信息指向。

二十五岁的我，和五岁时的世界对话

Q：能向我们介绍一下你的工作室及你的主要角色吗？

A：studio fnt 于 2006 年 11 月在首尔成立，从事不同领域、规模和媒介的项目。我们的工作范围覆盖从企业品牌到展览、表演和文化活动的平面设计。截至 2023 年 12 月，包含我在内有十一名成员。但是，我们目前正在招聘，预计在 2024 年年初会组成一个稍大一些的团队。金熙善（Heesun Kim）和我担任联合总裁，她专注于整体视觉策略，而我专注于项目的视觉方面。

Q：如果设计一张海报来描述你自己，它会是什么样子的？

A：我需要好好思考这个问题……我希望这张海报可以列举出一种关于"印

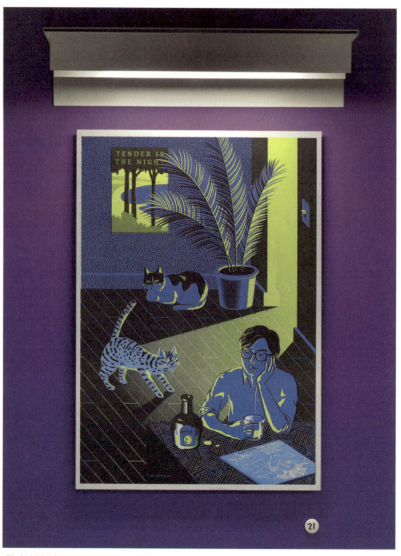

《午夜时分》（*Round Midnight*），2019

象"和"内容"的对比元素。例如,我想通过一种大胆的视觉装置来传达一种抒情的感觉。此外,我还想融入东亚地区的元素,如汉字、韩文、阴阳等。我还想把猫也包括进去。

Q:我们在你的网站上看到了很多作品。你认为你是一个多产的设计师吗?在一个商业项目中,如何平衡客户对你以前作品的热爱,避免自我重复?

A:商业项目的本质,其实是每次都要解决不同的问题,这一点意味着结果不能自我复制。同时,项目往往要通过公司内部人员的集体智慧来完成,所以,我一天中的大部分时间都在做那种"公司工作"(而不仅仅是"设计")。然而,我也有想做或觉得应该做的"设计",我通常把它们和公司项目分开,在预算和时间表方面有更多的自由,我在业余时间或周末都会做这种设计。创造对许多人都有用的大项目是必要的,但我也很喜欢小的、平凡的项目。我相信这些小的日常项目也有一种塑造能力,关于城市、国家、时代的整体情绪。

Q:你有很多音乐设计经验,从爵士乐到嘻哈音乐皆有。你如何捕捉到不同类型的音乐和音乐人的设计感觉?最近令你最满意的音乐设计作品是什么?

A:音乐设计类项目一般没有一个特定的流程,它通常从"与音乐人或唱片公司的代表随便喝咖啡"开始。我的目标是通过这些交流,理解艺术家试图通过他们的音乐来传达的情感或本质。然后,我再用我的视觉语言来解释它。

对我来说，唱片设计不仅是为了发现或制作完美、适合音乐的视觉，更多的是表达我对每首音乐作品的感觉。我最珍视的项目包括与 Soulscape（其音乐风格是我最喜欢的一种）和 9 and Numbers（一个长期的合作伙伴）的合作。还有一些有趣的经历也让我很开心，比如和弘益大学附近的黑胶唱片店 Gimbab Records 以及 Beatball Music 的合作。

东亚设计的共识、同化以及巴别塔

Q：你注意到中国的设计了吗？在你看来，中国的设计或设计师有什么特别之处吗？作为 2023 年 GDC 设计奖的评委，你对今年的新一代设计师印象深刻吗？

A：在今年的颁奖典礼上，我看到了许多杰出的作品，但引起我注意的作品并不一定与国籍有关，韩国和中国的年轻一代设计师在作品和品味上有相似之处。但是，我过去所认识的很多优秀的中国设计师都有一种独特的"中国内核"，如积极地融入传统媒体和技术，或者体现一种特定的东亚精神，但我在最近的设计中并没有看到这些特征，这可能是由于我们通过 Instagram 等平台的紧密联系，构成了一个具有实时影响的、更互联的世界。令人遗憾的是，尽管我们共享相同的汉字文化，但我们不能用彼此的母语进行交流。

studio 360 group 专辑《午夜放松》（*Midnight Relaxation*）装帧设计，2022

9 and Numbers 专辑《完全的蓝色》（*Totally Blue*）装帧设计，2021

Q：你有大量有趣的字体设计作品，包括对汉字的解构。你认为字体和图形之间的区别是什么？

A：在传统的平面设计中，两个主要的元素是图像和文本。通常，图像被认为是传递情感的，而文本则是传递信息的。然而，我对"模糊这两个元素之间的界限"很感兴趣。当边界模糊时，信息和情感混合在一起，可以创造出一些独特的、非传统的东西，在观察者或读者中建立一种独特的心理形象。这是我在尝试解构汉字或字母时所考虑的一个因素。

此外，汉字具有一种特殊的吸引力——语音特征，其在一个字符中具有不同层次的意义。语音特征的独特之处在于：想要在其他语言中一比一、完美地翻译是不可能的。不同于许多欧洲设计，这一点决定了它会成为一种强大的和引人注目的设计元素。

Q：中国有一个流行词叫"躺平"，意思是面对激烈的竞争环境，不再苦求成功。你有过这样的想法吗？如果年轻人有时感到空虚，但又不甘心躺平，你有什么好建议吗？

A：韩国也存在类似的现象。我通常会谨慎地评论在不同环境中出生和长大的另一代人的思想和感受，因为我确信他们有自己的处境。但我仍然想表达的一点是：我们不能选择结果，因为好的结果不仅需要努力，还需要运气。我们所能选择的只是我们的态度和立场。追逐成功或者变得出名会产生痛苦，但是如果我们不采取任何行动，也就无法改变任何事情。继续保持向前迈进的姿态吧，积极的态度和明确的目标，也能帮助我们调整自己的心态。

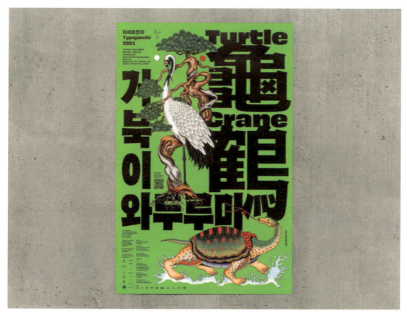

2021 韩国国际字体双年展 (Typojanchi 2021: A Turtle and a Crane)

Q：你会有意追随或避开某一种趋势吗？在面对流行趋势时，哪些是您更愿意去关注的？

A：我有意避开设计潮流和时尚潮流。然而，这并不意味着我只穿黑色高领毛衣和蓝色牛仔裤，也不意味着我试图塑造一个冷漠的形象。我在设计领域工作了二十年之久，而这个领域常常为"最新"的东西设定界限。在此期间，我看到了各种趋势的出现和消失，曾经看起来新鲜的东西也会突然走向过时。保持警惕至关重要。我们必须确定我们所爱的东西，无论新的还是旧的。如果一直只追求所谓的趋势，那将是一场重大的悲剧，因为那样可能永远都找不到满足感。

63

需要和世界保持距离时，我和猫在一起

Q：在你的作品中有很多猫。你能向我们介绍一下拥有三只猫的家庭吗？你通常是在家工作还是去工作室工作？你一天要花多少时间和猫在一起？

A：我和三只猫住在一起——Siru、Jaru 和 Garu。与人类互动会显著地影响它们的思想、情绪和行动。同时，很自然地，我的三只猫也对我的观点塑造起到了重要的作用。与猫生活在一起，常常引发我对动物权利的思考，继而产生对人权、性别等更多问题的考虑。一开始，我的确是在欣赏它们的可爱和美感，现在它们却深刻地影响了我的价值观和判断力。

studio fnt 是一家全职任职公司，我每天都要去打卡上班。因此，当我下班回家，就会觉得和我的猫在一起的时间非常有限，非常宝贵。我就像一个家里有孩子等待着的父亲一般。

Q：我们看到你经常在一些合作项目中使用猫作为设计元素，例如，在项目"和平旗帜"（Flags of Peace，2015）中，你设计了一面以猫的形象为主体的旗帜，你是否担心你的视角与其他设计师相比过于微妙？

A：我不认为它会是"微妙"或过小的。从参与者自己的角度来看，"设计一面和平的旗帜"是我们要完成的使命，我的目标是创造一面比其他设计师有明显优势的旗帜。想象一下：与一个圆圈、球体或模糊的绿色形状相对比，一个温暖的、毛茸茸的、像猫一样的球体，必然更能让我立刻唤起"和平"的概念。

64

Q：让那些形而上学的概念变得更具体是你的设计兴趣吗？

A：是的，我对用一种任何人都能理解的方式，轻松而具体地表达形而上学的概念很感兴趣。我对后天习得的技法很谨慎，更喜欢以简洁的方式传达复杂的想法。如果它能快速而轻松地表达深刻的思想和情感，并传达一些积极的东西，那就是很好的设计。

和平旗帜，2015

撮影：watanabeani

长冈贤明 | Kenmei Nagaka

设计活动家、日本"长效设计"（Long Life Design）先驱

长效设计概念创始人，京都艺术大学教授，知名策展人。打造连锁二手设计商店 D&DEPARTMENT，以设计为原点，带动了旧物循环、杂志书出版、地方振兴等一系列社会活动。

Kenmei Nagaka

"

我们从事的是一个

‘从一开始就期待消失这一天’

的行业。

"

一个案例了解长冈贤明

D&DEPARTMENT PROJECT

D&DEPARTMENT PROJECT（简称 D&D），是设计师长冈贤明于 2000 年创立的以"长效设计"为理念的店铺型活动体。在日本四十七个都道府县设立据点，通过产品销售、餐饮、出版、观光等方式，发掘、分享并传递符合长效设计理念的产品与生活方式。

在谈论长效设计时，我们在谈论什么？

当环保之风在消费市场上逐渐盛行，许多品牌和设计都在思考如何"减塑"。但有一位设计师曾表示，在众多材料之中，他最喜欢的就是塑料。而他，正是以"长效设计"著名的日本设计师长冈贤明。

他在 2021 年发起了一个名为"长效塑料计划"（Long Life Plastic Project，简称 LLPP）的项目，主体是一个售价 4 950 日元（约合人民币 230 元）的塑料杯。2023 年，杯子工艺改良，采用 100% 生物质塑料，通过质量平衡法制成。每隔两年，他们就会生产四种颜色、相同设计和尺寸的塑料杯，并限量发售八百个。

杯子本身没有任何复杂的设计和包装，只刻了一句话：Plastic Products can be lifelong companions if you care for them（如果你爱惜的话，即使是塑料制品也可以终生使用）。

一场为塑料"正名"的活动，由一位坚持"长效设计"的设计师发起，会给常人带来一种矛盾的感觉——它像是一场环保运动，但当中所用的材料，又被认为是环保最大的敌人。但这就是长冈贤明，他是一个神奇而又充满"矛盾"的人。作为一名设计师，他从不创造新产品；他反消费主义，却一手打

长效塑料计划，2021

造了日本最有影响力的杂货店 D&D。

这家杂货店的经营也与一般的商业逻辑相悖——它的地理位置并非热门商圈；选品过程复杂又漫长，几乎从不关注它们是否"时尚又好卖"；在这里，消费者不仅享受不到任何折扣，还会被"按头"接受"教育"。

这一切矛盾的根源，正是长冈先生坚持的理念——长效设计。"长效设计"关心物品的设计环境，重视它们的长期制造与使用的可持续性，以此创造经典。对于不断探索和引领前沿生活方式的我们而言，先锋和经典从来不是对立的，先锋并不是抛弃过往，而是取其精华、锐意进取。今日的先锋，亦将成为未来的经典。

我们采访了长冈贤明，从内心的物欲、他坚持的理念和外在消费环境三个方面，由内而外地探寻他的思索。

汽车的故事：充分的买买买之后，才懂断舍离。

想要了解长冈贤明"长效设计"的理念，就不得不提 D&D，这家二手商品杂货店正是长效设计的探索与实践。

它从不主打"日式生活美学"，分店也不是千篇一律，而是"挖掘地域的可能性",着眼于当地经典之物。例如,坐落于中国安徽的分店,全名叫作"D&DEPARTMENT 黄山 by 碧山工销社"。在这里,采用碧山竹编工艺包装的普通玻璃瓶、村口饭店的白酒杯都被陈列在如同展台的货架上,看上去身价倍增。

"可用性高的物品本身就是很美的。"长冈贤明说。

D&D 开店选址很考究,交通便利但远离商圈,颇有返璞归真的味道。其中首要原因当然是相对低廉的租金;其次,这也是 D&D 对顾客的遴选:愿意来到这里的顾客自然更愿意接受"长效设计"的理念熏陶,路途的成本也会让他们更珍惜所购之物。

有趣的是,这样一个看似处处压制顾客购买欲、反消费主义的特立独行的杂货店,生意一直不错。长冈贤明本人,也并非一个逆时代而行、无欲无求的人。

> "我认为失去'欲望'是一件非常糟糕的事情,因为它意味着许多方面发展的停滞。人们都应该去能引起'健康消费欲望'的地方,并从中感受自己真正的需求。尤其对于年轻人而言,应该趁着年轻时多买,通过购买行为充分了解自己之后,才能做断舍离。"

长冈贤明自己也正是随着年龄增长,在岁月流逝中,对自己的"物欲"有了更加理性、温和的认知,开始选购那些有质感、坚实的物品。

D&DEPARTMENT 东京门店 ©D&DEPARTMENT PROJECT

他在"买车"方面的心态变化，就是典型的例子。在 D&D 诞生之初，他曾提到要拥有三辆车的梦想：跑车保时捷、轿车奔驰和越野车路虎。这三个目标他一一达成了，但买车的喜好并未改变。"我最近又买了一辆新车，但和从前不同，现在决定我选择的因素是舒适和安全。我买过一些使自己看起来'比本人更厉害'的东西，然而现在，我买的是'与我真实内在相称'的东西。"

让"物"符合自己的内心，而非超越自己的身份，同时，正视自己的物欲，并用健康、积极的理念去滋养，才能让"物"真正为己所有。这大概是长冈贤明想要传达的吧。

K 椅的故事：在日常用品中感受和思考时间

他曾在上海策划一场名为"长效设计：思考与实践"的展览，展出的 600 多件物品，全都是生活中的可见之物——杯子、盘子、桌子、沙发……但一点儿也不枯燥。从反馈来看，许多参观者从这些单纯的物品中，感受到了一种纯粹的乐趣。

比如，原田和明的机械玩具猪，转动曲柄可以帮小猪锻炼肱二头肌；修行者坂本大三郎的山之扑克，你永远也不知道修行者在山里干什么；北海道的"可乐"，以本地土豆作为辅料，瓶身设计的灵感则来自京都的舞伎。

还有不少中国本土设计师的探索：易洪波一点点寻回的中国古代夏布工艺；植物爱好者邓绮云用发酵的玉米、木薯、甘蔗或甜菜制成的可降解塑料餐具。

这些物品有的精美趣致，有的质朴实用。的确，关于设计物应该更注重实用性还是造型，或者说功能之美与形式之美的探讨，是个永恒的话题。不过，对于长冈贤明而言，取舍并不困难，他曾直言，比起"单纯的形式美"，"用之美"更令他感到触动。

其中，他钟爱的二十世纪六十年代的日本经典设计，就是"用之美"的典范。二十世纪六十年代，日本经济高速增长，开始倡导优质设计，我们熟知的日本"匠人精神"也正是在这一时期被广泛宣传并发扬开来，由此诞生了许多经典设计。因此，长冈贤明发起"60VISION"项目，与众多设计者联手，复刻二十世纪六十年代日本的经典设计。

二十世纪六十年代的物品究竟有什么特别之处？从一件经由长冈之手而大放异彩的家具"K椅"上，我们可窥见一斑。

长冈贤明热爱逛二手商店，在与其无数次邂逅的旧物中，"K椅"是让他印象最深刻的一件。他们相遇时，这把看似普通的椅子站在一家二手商店的角落，被称为"W3617"，是二十世纪六十年代一套日本接待室组合家具中的一件。"我让服务员把椅子拿下来时，它连一颗螺丝都没有掉。我最终以几乎免费的价格买到了它。"

Karimoku 60 大堂椅

长冈先生从磨损的标识上得知，它是日本第一木质家具品牌 KARIMOKU 生产的家具，于是，它被命名为"KARIMOKU60"（简称"K 椅"），摆进了 D&D。就像被伯乐相中的千里马，"K 椅"不负期盼，连续数年稳坐 KARIMOKU 品牌家具的销冠宝座。

乍看上去，"K 椅"平平无奇，但它的确有一种隽永的姿态和经得起考验的细节，在历经岁月后仍然焕发出柔和的光辉——所谓经典正是如此。"耐用之物，不只因时尚而生。如果你开始喜欢这些'长效设计'，意味着你开始在日常物品中感受和思考'时间'。"长冈贤明说。

"我希望人们看到和思考的，既不是功能之美，也不是形式之美。我希望每个人都能审视那些已经存在很长时间的事物，并揭开它们背后的真相。真正用心的造物，不仅值得被长期使用，也很少受时尚诱惑。"那些愿意认同长效设计的消费者，从岁月打磨过的物品上，一定能够感受到意蕴丰富的美。

购物袋的故事：卖场，帮消费者找到有归属感的设计

原研哉曾谈起长冈贤明打造 D&D 的原因，是捕捉"不在这个位置上便绝对无法涉足的东西"，因为商店老板是在流通环节中最接近"生活"的"位置"。

长冈贤明认为，卖场是设计者的代言人，让每一件物品的制造者更加耀眼夺目。卖场是一个舞台，是一个把顾客与制造者联系到一起的场所。让这些消费者找到有归属感的设计，这就是 D&D 的力量。

D&D 颇有特色的购物袋，就是一个美妙的连接点。购物袋向来是每个卖场各出奇招之处，从节日限定到艺术合作款，无不是卖场重要的氛围制造者。和多数卖场不同，D&D 并未精心设计专属自己的购物袋，而是对其他品牌的袋子进行了"回收再利用"——将印有自家店名的胶带贴在各式各样的旧袋子上。

一开始，不断有顾客抱怨，想要一个"正常的袋子"。D&D 为此订购了一批全新的白色纸袋回应顾客的需求，但随着他们一遍遍重申自己的理念，抱怨的顾客越来越少了。

有一天，有人在店门口放了一大箱不用的旧纸袋，并附上了一封信，以实际行动对 D&D 的理念表达了赞赏与支持。长冈贤明看到后，当即在收银台旁边竖了块牌子："回收旧纸袋"。

一个贴着胶带的旧购物袋成了 D&D 的精神象征，可以想见长冈先生内心的触动，他长久以来的理念在这一刻得到了深刻的认同与共鸣。

如今，D&D 店内的纸袋基本维持出入平衡，很多人会将不用的购物袋拿到 D&D 回收再利用，老顾客会主动带着购物袋前来。

购物袋如同一声回应，一条宣言：

> "我为长效设计而来，我认同这一理念，以及 D&D 代表的有质感、可持续的未来。"

"正因为匠人做得好，所以才没生意呀。"对"长效设计"的深入了解，不由得令人想到一句日漫台词。"所以，长冈先生怎样看待这句话呢？"

长冈贤明的回答出乎意料，又在情理之中：

> "如果你是说，因为工艺好，所以诞生了耐用的产品，因为耐用，所以无须替换，出于这个逻辑，商家赚不了更多的钱，反而是一件好事。这就是 D&D 的目的，我们的作用也就到此为止。发生这种情况的话，我们将关闭店铺。我们只是一个门户，让人们了解'长效设计，以及长效设计的乐趣'。"

> "我们从事的是一个'从一开始就期待消失这一天'的行业。"

对长冈贤明而言，D&D 不是生意，而是真正符合他内心标尺的东西——这是当代社会的稀缺之物，也是他坚持至今的原因。

D&DEPARTMENT 的环保纸袋 © D&DEPARTMENT PROJECT

纪尧姆·安尼奥泰 | Guillaume Aniorté

李诚浩 | Sean Lee

飞苹果 | Alexander Brandt

藤本壮介 | Sou Fujimoto

戚山山 | Qi Shanshan

马岩松 | Ma Yansong

Cultural Consumption

文化消费提案者 ————————————

冷门文艺目的地大火出圈，小众文化空间成热门打卡地，在看了太多意料之外又在情理之中的案例后，我们再次确信：文化是自带消费力的蓬勃能量。

在这个板块中，我们聚焦那些引领文化消费格调的创意家：他们有的让文化创意成了盘活整个城市的支柱产业，有的营造出极度沉浸式的梦幻空间体验，有的将文化真正糅到建筑空间的气韵之中。从产业到内容，再到空间，在文化消费时代全面来临的当下，我们为想加入这场浪潮的读者，提供深度、前沿、鲜活的样本故事。

文化消费不再是少数人的轻奢品，而是在钱货两讫的冰冷交易之上，让智识、审美、情绪渴望得到满足和抚慰的时代必需品。

纪尧姆·安尼奥泰 | Guillaume Aniorté

PQDS（Partenariat du Quartier des Spectacles）
战略执行代理董事

从多媒体艺术，到电子游戏，再到建筑设计，"蒙特利尔创造"是一张在国际上响当当的名片。位于蒙特利尔市中心的演艺区 QDS（Quartier des Spectacles）孵化了无数的城市创意。在这里，一种特殊的"合伙人"制度连接了政府、企业和社会，激发了原本游走在城市各处的创意活力，乃至成为燎原之势，为城市提供源源不断的创造力。

Guillaume Aniorté

"

人们需要在生活中接收能量，

PQDS 所创造的，

就是这样一个能量源泉。

"

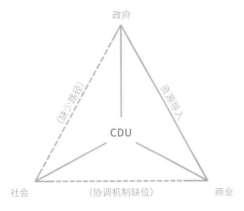

政府

（缺少路径）

资源导入

CDU

社会　　　　（协调机制缺位）　　　　商业

初期尝试（CDU模式）

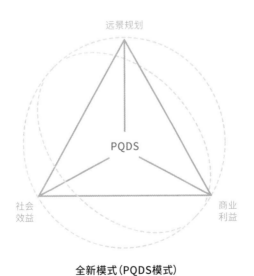

远景规划

PQDS

社会
效益　　　　　　　　　　　　　　　商业
　　　　　　　　　　　　　　　　　利益

全新模式（PQDS模式）

在初期尝试中，原有的通路无法保障政府、商业与社会各方利益的协调和统一；有鉴于此，PQDS
建立一种全新的沟通机制，并扮演着联络人的角色。

QDS：从红灯区到世界级文创园，他们是怎么做到的？

蒙特利尔作为魁北克省的最大城市，也是加拿大最重要的经济中心之一，航空工业、金融产业及运输物流都是这座城市的重要经济支柱。但除了这些传统意义上的产业，蒙特利尔的创意产业也为这座城市的经济发展做出了卓越的贡献。根据联合国教科文组织介绍，在蒙特利尔，仅仅从事设计这一个行业的专业人士就超过 25 000 名，而设计行业在整个蒙特利尔文化领域的经济占比高达 34%。

蒙特利尔创意产业的快速发展离不开蒙特利尔市政府的大力扶持。早在 2005 年，蒙特利尔就加入了联合国教科文组织"创意城市网络"，并在 2006 年成为被授予全球"设计之都"称号的首批城市之一。多年来，蒙特利尔市政府通过提高公众对创意的认知，举办大型国际创意活动，并对相关公司实施政策优惠，致力于让创意融入城市生活的每一个角落。

QDS 则是整座城市创意产业中极其重要的一环。QDS 位于蒙特利尔市中心，是魁北克大学（UQAM）与庆典广场（Place des Arts）周边约 1 平方公里的区域。在这个区域里，有 80 余家文化场馆，33 家演出场所，34 家博物馆、画廊及展览馆，8 个公共广场，7 所艺术学校，以及每年 40 场室外"造节"，在活动举办的高峰期，一天的室内外活动就超过 50 场。这样高频次与高质量的演出活动，自然带来了显著的人流和经济收益。在 2018 年，有超过 800 万人前来 QDS 参观游玩，售出了超过 170 万张门票，所带来的门票收益占魁北克省总门票收益的 28%。其中，仅音乐会或演出所带来的门票收入，就高达 7 919 万美元。与之形成鲜明对比的是，蒙特利尔大都市区的常住人口仅为约 400 万人。

然而，更令人称奇的是，这片区域曾经是蒙特利尔的红灯区——比起现如今的创意迸发和活力绚烂，曾经的 QDS 或许更应冠以声色犬马之名。在过去的十八年间，QDS 发生了天翻地覆的变化：创意灯饰取代了频闪的霓虹灯，明亮而令人愉悦；城市的记忆被投影到老旧的砖墙上，一同述说历史的斑驳；车辆不再呼啸而过或随意停放，反而多了一个静候慢行、享受城市光景的理由。

毋庸置疑，蒙特利尔市政府向 QDS 倾注了大量的心血，然而，这世上有太多的案例向我们证明，努力只是成功的必要不充分条件。究竟是怎样的远见与策略让 QDS 用了不到二十年，就从一个创意园区跃升为国际上著名的创意集散地？或者说，他们是如何做"活"这片土地，让创意在此处生根发芽的？为了弄明白这一点，我们找到了 QDS 的管理单位 PQDS，他们的战略执行代理董事纪尧姆·安尼奥泰先生接受了我们的采访。我们希望他从规划者、管理者、协调者与组织者的角度，来探讨创意产业与城市的发展。

Lucion 工作室的灯光装置 "Novelle Lune"

蒙特利尔杂技艺术节 (Festival Montréal Complètement Cirque) 的表演 ©Chantal Levesque

求同存异是群策群力的基础

一切始于 2002 年。面对城市转型发展的需求，时任蒙特利尔市长的特朗布莱（Gérald Tremblay）出台了"蒙特利尔 2025"（Montréal 2025）规划，将"创意城市"作为城市规划的指导框架和发展目标，以创意产业引领后工业时代的城市新增长。鉴于这份规划，蒙特利尔市政府相中了原来的红灯区的文化娱乐属性，划定 1 平方公里的区域支持创新与创意的发展。QDS 的发展计划自此拉开序幕。

市政府为该项目注入了丰沛的资金与人力，除提供初期的财政支持之外，还深度参与具体的执行事务。例如，其分管城市更新的下属机构 CDU（Corporation de Développement Urbain）推出了商业开发方案，并调动资源执行。但在执行过程中，CDU 不仅遭受了不同层面的阻力，还迅速感受到"士绅化"所带来的负面效应——市场对商业化开发的预期迅速拉高了租金，给艺术家、音乐家等创作者带来了极大的经济压力。

市政府迅速意识到，QDS 项目不是一个单纯的城区再造或区域开发项目，它直接触碰了片区经济的底层动力，由之而生的巨大外部性超出了任何单一组织的协调能力。经过一年的碰撞，市政府开始探索一种新的合作模式，以综合协调各方利益，借助多方力量，共同推动"蒙特利尔 2025"规划落地。经过对过往经历的研判，市政府牵头成立了 PQDS：一种兼纳政府意志与社会力量的"合伙人制度"（Partenariat）。

PQDS 是一个组织，也是一个平台，更是一个利益共同体。在成立之时，PQDS 由二十四位来自文化、地产、旅游、商业、教育及省市区政府等领域的成员组成。这些成员均为场内的利益关联方，如核心场地"庆典广场"的管理代表，片区特色爵士音乐节的团队代表，UQAM 等区内大学代表，舞蹈、戏剧、音乐、影视等行业协会代表，以及致力于可持续发展研究的机构代表等。这二十四位初始成员编织了一张纵横交错的利益网，而 PQDS 的作用则是聆听、收集、考虑各方意见，在必要时进行协调，推动通过具有建设性的决议。发展至 2021 年，PQDS 的成员数量已增至近八十位。

在 PQDS，合伙人制度不仅是一种合作机制，更是一种身份转变。PQDS 视所有参与者为"风险同担者"（stakeholder），而非简单的"利益分享者"（shareholder）。这意味着所有参与的人都被视为一个荣辱共同体，一起积极地承担起这片区域发展所带来的利益与风险。在 PQDS 中，各方以平等决议的方式找到一致的愿景，制订共同的规划。

PQDS 的工作由三个机构承担：董事会、监事会和各大委员会。位于核心的是 PQDS 的决策机构——董事会。董事会成员由全部成员选举产生，规模在二十人上下，每年更新。董事会的主要职责是协调各方利益，在长远规划的高度形成"社会共识"，制订策略。监事会则由 PQDS 成员代表担任秘书长，由市、区两级政府代表联席组成，确保 PQDS 董事会的相关决策符合相关法律法规。各大委员会则衔接起 PQDS 与更广泛的社会力量，承担着从战略到落地的中间缓冲工作，将高层提出的规划拆解为各方面工作，如审计、照明、管理与法则、市场与传播等，并在各自领域召集非 PQDS 成员参与工作。如

社会力量加入

其他
委员会

监事会
（5位）

场馆管理
委员会

联席

管理道德
委员会

领导

PQDS
（80位成员）

选举

董事会
（约20位）

照明委员会

审计委员会

政府代表派驻

PQDS 成员架构简图

照明委员会由 PQDS 领导，邀请设计、工程、技术等方面专家联合工作。委员会在执行过程中收集第一手的反馈信息，记录真实的需求，做到实时情况的上传下达，为日后的战略提供事实依据。

即便董事会的成员有着截然不同的从业经历，社会身份也有泾渭分明的区隔，但为了这片区域的繁荣，风险同担者会秉承着"求同存异"的理念，寻求最佳解决方案。从这个角度而言，每一个 PQDS 的决策都是在充分引入社会资源，并了解所有人的终端需求之后所做的。

安尼奥泰先生告诉我们，要让这些人坐在同一张桌子旁，除了使用"荣辱与共"的砝码，还需要将人们"连接"起来。因为蒙特利尔拥有浓厚的法语文化背景与爵士乐文化沉淀，PQDS 决定从这个角度切入，用本地文化连接当地居民——通过举办与法语文化、爵士乐相关的活动，反复提醒当地居民本地的文化与历史，提升当地居民的本土自豪感。然后，通过吸引第一批"种子"游客，完成原始访问的积累，QDS 在他们的帮助下，完成传播得更远的目标。

在执行初期，PQDS 以 5 年为节点制订一份名为"远景框架"的战略性方案，并在每年年终集结各界意见与建议，由此进行一次系统性的回顾。在年终回顾中，PQDS 综合各方的困难与期许，从而明确下一个运营年的紧急事项与重要事项，用以校准方向并制定或修订相关政策。随着项目的日臻成熟，市场的迅疾发展，PQDS 也将远景框架的制订间隔从五年缩减到了三年，以确保整个区域的发展规划符合外部环境的改变，并朝着预定的目标前进。

PQDS 的成立标志着项目由目标驱动发展转变为愿景驱动发展。如时任 PQDS 首席执行官的 Pierre Deschênes 先生所言："PQDS 坚定地聆听社会各方人士的声音，尤其注重对孤立和弱势群体的纳入。""别让人们轻易地离开。"安尼奥泰先生在采访时说道。而这个"人们"既指当地的居民，也指从外地远道而来的访客，更包括与 QDS 项目互相依赖的创意人士。

场域活化是空间发展的目标

在全社会的合力下，QDS 发展迅猛。在最高峰时期，场内一日承载的大小活动达到了令人惊讶的 50 余场。我们不禁要问，QDS 是如何做到如此密集的活动统筹的？

> "不要想着自己能做到所有事情，"安尼奥泰先生笑着说，"我们代表的是一个生态，是一个由共同愿景联合起来的生态。我们的成员各有所长，但在 PQDS，我们只盯着一个目标，那就是场域活化（territorial animation）。无论小商铺还是艺术家，都希望 QDS 充满活力。"

安尼奥泰先生在采访中告诉我们，除了制订宏伟计划的诸多成员，在执行层面，PQDS 团队固定人员配置不超过四十人（但在演出密集的时间，PQDS 会聘请一些临时人员，以确保活动正常进行）。团队聚焦于场地的支持与管理，提供必备的场地条件与技术支持，以保证每一场活动都能够顺利进行。这样的团队配置源于 PQDS 精准的定位：组织者、管理者、协调者。PQDS 不生产内容，也不会干涉内容创作。他们的日常工作聚焦在接入资源，为创作者提供足够的便利，创造适合演出的平台，确保演出顺利进行。

那怎么样理解"场域"呢？安尼奥泰先生解释道："很简单，关起门来要收钱的，就不归我们管了。我们只负责开放的公共部分。"

在全区大大小小的十余个公共文化场所中，PQDS 身兼数职，既是业主，又是项目管理方，还是场地运营方，制订场内公共创意设施的建设或改造计划，并管理对应的开发建设经费。这样的深度参与使得 PQDS 可以将其愿景倾注在每一个环节，以一条强有力的逻辑线贯穿规划、设计、建设和运营。

这样的多重身份也有助于 PQDS 统筹应对现实需求的复杂性。例如，在广场照明设计中，PQDS 便整合了街区照明的基础需求和舞台灯光的艺术需求，委托设计了九根定制的灯柱。在常规街区照明作用外，每一根灯柱都能提供高达 200 千克的吊挂载荷和声光控制接口，让现场表演活动在广场的各个角落发生，而无须顾忌硬件设施的局限。除了特别灯柱外，PQDS 更是在地下满铺光纤，平均每隔 10 米便设一个电箱和网络接口，并就近设置整体控制系统。由此，广场具备高度灵活性，且随处可演、处处可控。这样极致化的文化基建配置，让 QDS 拥有极致的文化呈现能力。

除大型项目外，PQDS 还对全区的街灯进行改造。通过材质、形状的变化，人们行走在 QDS 中会感受到一种音乐般的韵律。而利用照度、色彩的改变，

艺术家 Alex Le Guilou & Jonathan Fitas 的沉浸式艺术作品 *HORIZON*

97

1平方公里的区域被分割成大大小小的区块，各有特色。当创意渗透公共领域，一些细微的改变便极大地丰富了体验感，让原本平淡无奇的街道具有了灵动感。

在硬件投入外，PQDS也与创意人士合作。在场内，PQDS赞助艺术家创作公共艺术装置、音乐、户外舞蹈、马戏等。同时，PQDS通过策划与创意相关的活动，邀请来自世界各地的创意人士前往当地，与当地的公司、机构和专业人士进行交流，让世界各地的创意人士对QDS的存在和设施有所认知，为日后的合作打下基础。"在户外的所有艺术体验都是免费的，"安尼奥泰先生说，"我们希望传递这样一个信息——来QDS永远有活动。"

因为引入了优秀的创意人才，兴建了世界前沿的基础设施和提供有趣的项目，QDS每年吸引着大量的游客前来，行业人才和资源也源源不断地流入。安尼奥泰先生告诉我们，QDS占地广，能够容纳多种文艺活动同时进行，所以人们喜欢前来此处参观、游玩。而游客的蜂拥而至，或直接拉动了本地的经济增长，或间接激活了本地的经济活力，形成了良性循环。QDS已经成为蒙特利尔走向世界的一张创意名片。

PQDS发挥了极强的主动性来引导这样的良性循环，如创建具有启迪孵化意义的"艺术阶梯"项目——Luminothérapie。该项目具有双重使命，既为本地居民和游客提供丰富多彩的冬日体验，也促进了城市装置和数字艺术学科创造力的延续。每年，PQDS 都会举办一场竞赛，邀请由多学科团队组成的参赛者，一起参与城市设计和多媒体艺术实践计划，优胜团队将获得和 PQDS 共同制作作品，并在 QDS 的庆典广场展出的机会。2020 年，在疫情的重压下，艺术阶梯依然吸引了超过 13 万人前来参加。而所谓"艺术阶梯"，意味着艺术家不光能获得不菲的资金、场地和技术支持，也能获得巨大的曝光量与知名度。

该项目开展至今已历经十年，无数顶尖创意从这里走向世界。而十年的持续耕耘也令 QDS 的创意活力在时空连续性上得到深厚的积淀。从 2016 年开始，PQDS 启动了场内作品国际推广流程，将原有的"艺术阶梯"进一步扩展，如 2016—2017 年度的获奖作品 Loop，乘上了 PQDS 的东风，于 2018 年冬天在纽约展出。

政府、企业、市场、个人，多方智慧在 QDS 汇聚和发展。或许就如 Luminothérapie（直译：光芒、疗愈）这个名称所指的那样，创意活力作为一种城市资源，只需一点儿星火便可普照城市。通过多年的耕耘，QDS 现在已经有了稳定的客群，而这些客群所带来的收益加上政府补贴，也足够让他们维持场景的运营与发展。当我们问到秘诀时，安尼奥泰先生认为最重要的事情唯二："留住人"（keep the people）与"碰到心"（touch the heart）。

文化生活是全球共同的向往

二十年过去了，通过 PQDS 的辛勤运营，QDS 已经成为国际上最成功的创意高地之一。我们好奇，这二十年来，PQDS 有没有脱离过当初的规划与愿景。安尼奥泰先生告诉我们："我们所做的远远超出了当初的设想。" 这与他在 PQDS 的另一个身份息息相关。除了担任战略执行代理董事一职之外，安尼奥泰先生还是 PQDS 的国际事业发展顾问。从 2016 年起，PQDS 开始向世界各地输出艺术家定制作品。在和国际市场接触的过程中，PQDS 也对自身进行审视，并发现他们的使命从管理好自己的"一亩三分地"上升到连接不同城市的创意场域。

在审视的过程中，PQDS 总结了自身的竞争力：对未来不断索问，对社会保持敏感。安尼奥泰先生说道："我们不断提问，市场需要什么？人们需要什么？"在投身国际市场时，PQDS 并未将此当成一场创意的"恶性竞争"，而是当成一次感受和接触各地人们需求的良好经历。

"你能想到的最坏的情况，就是孤身一人站在一片新生市场里。"安尼奥泰先生描绘道。一个创意如"满天星河"一般闪耀的地球，是他对未来国际创意都市的愿景。而创造这一片"满天星河"，则需要各个城市打造出属于自己的创意场域，打造出独一无二且不可替代的软实力。这样的软实力，就是国际创意城市互建友谊的基础。

我们继续追问，PQDS 在运营上最宝贵的经验是什么？安尼奥泰先生思考了一下，给出了五个关键词：开放性、自由度、创造性、合作性及和平。一个成功的创意场域，需要时刻铭记这五个关键词。

和平？我们理解创意生长需要一片稳定的土壤，但我们也好奇：为什么和平会成为 PQDS 成功的关键词之一？"我们希望人们携家人前来时，能够体验到 QDS 的美好，而不需要担心坏事发生，"安尼奥泰先生对我们说，"这也就是为什么我说 PQDS 所做的远远超出了所想的。"PQDS 所创造的已不仅是一个合作框架和一片活动场地，也成了人们美好生活向往的载体。"现代人的生活方式在发生强烈的转变，人们越发地拒绝朝九晚五、两点一线。人们需要在生活中接收能量，而 PQDS 所创造的，就是这样一个能量源泉。"这在疫情中表现得更为明显。突如其来的疫情使蒙特利尔市遭受了严重的冲击，往日喧闹的唐人街也因疫情的肆虐变得肃穆、冷清。而另一方面，长期被要求居家隔离的人们也提出了越来越强烈的诉求，渴望在生活中能找回一丝生气。在这样的情况下，PQDS 开始与邻近街区联手，运用他们场域活化的思考和经验改善生活场景，运用艺术装置点亮街区，让 PQDS 的方法论与活力渗透更多领域。

场域有界，而创意无界。通过这次对谈，我们看到了 PQDS 在营造创意场域时所体现出的决心与思考。通过打造出平等对话的框架，PQDS 提供了综合社会各界形成合力的方式，同时，恪守组织、管理与协调者的定位，最大限度地给予创意发展的空间。放眼未来，新技术不断融合，新兴行业不断出现，这是创新、创意的极大机遇，但也暗藏着极大的不确定因素。我们是否已经准备好了一片像 QDS 这样的沃土，迎接创意的生长呢？

李诚浩 | Sean Lee

d'strict 公司首席执行官

d'strict 成立于 2004 年，是一家将原创艺术内容与顶尖数字媒体技术相结合，打造创新空间体验的设计公司。d'strict 创作了众多广受赞誉的标志性公共艺术项目，包括在首尔 K-pop 广场展出的 *WAVE*、美国纽约时代广场展出的 *Waterfall-NYC* 及 *Whale #2*。同时，d'strict 也是全球知名的沉浸式数字艺术美术馆 ARTE MUSEUM 的缔造者和运营者，目前已有超过 600 万名观众走进 ARTE MUSEUM，其影响力遍及全球。凭借卓越的创新创意能力，d'strict 赢得了包括 iF 设计奖在内的众多国际设计奖项。

Sean Lee

"
用创意改变创意人的生活，

就是 d'strict 最大的社会效能。
"

一个案例了解李诚浩

WAVE

作为 d'strict 的第一个 IP 案例，具有变形错觉的 *WAVE* 已成功展示在韩国 K-pop 广场上的超大高清户外广告屏幕上，面积为 80.1 米 ×20.1 米。他们的目标是开发大量有吸引力的视觉内容，且这些内容可以适配任何大小和形状的屏幕。

用商业化思维做出万里挑一的艺术作品，
他们是怎么做到的？

2021 年，数字媒体艺术作品 *WAVE* 在 9 509 件作品中脱颖而出，以最高分斩获了德国设计大奖 iF 奖金奖。*WAVE* 将多媒体技术和视错觉艺术相结合，利用曲面 LED 屏幕营造三维空间感，打造出汹涌的海浪周而复始冲击玻璃幕墙的效果。试想一下，当你穿行于首尔最繁华的江南区，寸土寸金的中央商务区，一仰头就看到这样一个交织着新技术符号和原始力量感的画面，其震撼程度可想而知。

WAVE 的声名大噪也让它的创作者——来自韩国的空间主导型用户体验设计公司 d'strict 走进了大众视野。

何为空间主导？为什么要设计用户体验？在接触 d'strict 之前，我们决定先把这两件事搞清楚。

在互联网时代到来之前，我们认知中的时空模型是相对固态的，时间的坐标是信息传递的过程，空间的坐标是信息发生的场所。互联网改变了信息传递的方式和速率，当你想了解一个千里之外的时空发生的事情，只需要一台电脑或者一部手机。当然，你还身处一个物理上固定的空间，但它已经不再是你认知的边界。

如今，多媒体技术的发展还将进一步改变我们对空间的感受和与空间互动的方式，裸眼 3D、视错觉、3D 映射，视觉媒介和声效装置不仅能完成信息的传递，还能主导人们的空间体验。

而空间主导型的用户体验设计，顾名思义就是用创意改造空间，用创意为体验加分，用创意为企业赋能。至于如何达成这些效果，再如何让这些效果反哺自身，达成可持续的商业道路模式，正是我们想从和 d'strict 现任首席执行官李诚浩的对谈中找到的答案。

早期以会计师身份加入 d'strict 的李诚浩从 2016 年起担任该公司的首席执行官。经济学教育背景，通过 KCPA 考试并曾就职于韩国最大的会计师事务所，这一系列经历让他听上去似乎与设计、创意这样拥抱激情与变化的行业格格不入。

在这次对谈中，除了创意和商业的核心话题讨论，我们也单刀直入地抛出了"为什么好好的财经精英不做，选择进入创意行业""外行人管理内行人有什么方法论""从商业角度来看，科技的发展与城市公共空间的变化有什么互文关系"等问题，而他真诚、清晰的回答也让我们捕捉到了 d'strict 取得商业成功背后的蛛丝马迹，以及创意行业在科技浪潮冲击之下的变化与潜能。

好设计的核心是感知和体验

成立于 2004 年的 d'strict 在韩国业内素来以"严谨做设计"（Design strictly）闻名，目前已有近二十年设计和数字营销方案咨询方面的业务经验，同三星、蒂芙尼、芬迪等国际一线品牌合作过。

d'strict 看似是伴随 *WAVE* 的成功浮出水面的，但其实它对创意和新型商业模式的探索早已开始。就像李诚浩说的，*WAVE* 只是努力和机遇结合的产物，并不是真正的起点。

2011 年，d'strict 投入 150 亿韩元在韩国京畿道打造了世界上第一家 4D 多媒体主题公园 Live Park，在占地 10 000 平方米的园区内融合了 VR 游戏、3D 影音表演、AR（增强现实）和立体图像等声光效果，让进入其中的游客充分感受到虚拟与现实无边界融合的魔幻效果。

遗憾的是，走在行业前沿的尝试往往不能得到市场的正向反馈，Live Park 项目在高成本运营三个月后以闭园告终。

> "虽然如此，但从长远来看，Live Park 项目对我们来说是一次极其宝贵的经验。没有 Live Park 的经验，就不会有现在的 ARTE MUSEUM，也不会有 a'strict 和 *WAVE* 的尝试。"

ARTE MUSEUM 是 2020 年 d'strict 在济州岛落成的沉浸式多媒体艺术美

术馆，它延续了 Live Park 的形式，但内容上从用户体验的角度做了整体的升级。

时隔八年，d'strict 以"超越时空的自然"为主题，运用他们素来擅长的投影映射技术和传感交互技术，对花园、海浪、沙滩、月亮、瀑布等自然空间和素材进行了重新诠释。为了增强现实效果，他们还聘请了两次获得格莱美大奖的音效导演和法国著名调香公司负责展示馆整体的声效和嗅觉设计，目标是打造沉浸式的五感体验效果。对比当年的 Live Park，ARTE MUSEUM 或许没那么前卫，但对自然之美的精致重构足够引起观众共鸣。

ARTE MUSEUM 开业后的十一个月内，累计参观人数达到 70 万人次，相关销售额突破 100 亿韩元，对 d'strict 来说是一次巨大的商业成功。但更重要的是，它同时验证了 d'strict 在商业模式和内容方向上的正确性。

李诚浩也透露，基于这次的结果，d'strict 计划在未来五年内把 ARTE MUSEUM 的模式复制到更多国家和地区，推广至全球市场。

战略转型：互联网发展倒逼创意内容生态的改变

2021 年夏天，d'strict 联合 SILVERCAST Media，将旗下多媒体艺术家团队 a'strict 的两个新作品 *Whale#2*、*Waterfall-NYC* 搬上了纽约时代广场

Waterfall-NYC 在纽约时代广场展出，2021

首尔多媒体艺术展 *Starry Beach*，2020

的巨型屏幕，进一步扩大了品牌影响力。在尝试商业化运作之前，a'strict 已与韩国最知名的画廊 Kukje Gallery 合作，在首尔举办了第一个多媒体艺术作品展 *Starry Beach*。对 a'strict 来说，这一来自艺术领域的积极信号难能可贵，意味着多媒体艺术作为当代艺术大家庭一员的身份得到了更广泛的认可。艺术形式或流派的普及教育往往也是自上而下的圈层式推进，对于 a'strict 和其他多媒体艺术内容创作者来说，未来或许真的可期。

除了 ARTE MUSEUM 和 a'strict，d'strict 还投入精力去搭建多媒体艺术内容网站 LEDART.COM。LEDART 致力于成为多媒体内容创作者和商业实体之间的桥梁，提供一个缩短交易链路的内容共享平台。

当我们问到这一系列充满不确定性的转型动作背后有什么考虑时，李诚浩表示他的想法非常简单：就是让 d'strict 从单线业务模式中跳出来，寻找更多元、更具可持续性的内容生产和盈利模式，"可持续性是一切的基础"。

而在我们看来，天平的一端是互联网的发展不断催生着新的媒体渠道和传播形式，万物皆媒介的时代即将到来，这种变化对传统设计和广告行业的 B2B 业务造成的挤压，正在倒逼创意内容的形式变化和场景拓展。另一端，随着城市化进程和美育普及程度的加深，城市公共空间和商业地产项目对创意内容的需求也在递增。在当下和不远的未来，或许这一端的砝码还会加上在疫情影响之下，人们对公共空间重要性的重新审视。d'strict 也在下一盘自己的大棋，助力城市公共空间升级改造、拓展全球市场、打造自有内容 IP、塑造强产权意识的内容生态，都可能蕴含着下一个爆发点。

科技、艺术和商业化：人本主义的城市空间升级是否会成为交融点？

该怎么去平衡审美追求和商业化、大众化，大概是所有从事审美或创意相关行业的人都要面临的永恒命题。近一个世纪以来，技术的进步不断促成这三者的交融，二十世纪诞生的影像艺术是可能性之一。

而千禧年之后，多媒体技术向我们呈现了新的可能性。

2004 年，芝加哥千禧公园联合西班牙艺术家豪梅·普伦萨（Jaume Plensa）利用多媒体技术打造了公共艺术互动装置皇冠喷泉；在 2006 年德国世界杯期间，法兰克福足球协会将多媒体大屏搭建在美因河上，吸引了数万市民聚集在河岸广场上观看比赛。类似的例子不胜枚举，它们都表明城市公共空间在新技术的加持下可以迸发出新的活力。

那么，假如技术和艺术"联姻"，是否可以为我们打开一扇新的创意之窗？城市公共空间是否会成为最合适的试验田？商业化和资本运作又该如何以恰如其分的尺度加入其中？

顺着李诚浩的思路去看 d'strict 的成功，我们也得到了一些启发。

2019 年，d'strict 为韩国轮胎品牌 NEXEN 研发中心办公楼入口处的媒体墙定制了作品 *The Infinity Wall*，海浪首次作为主视觉元素出现在 d'strict 的设计作品中。李诚浩说那一次的呈现就是 *WAVE* 的灵感来源，因为客户

d'strict 为韩国轮胎品牌 NEXEN 定制的作品 *The Infinity Wall*，2019

要求表现出品牌的核心价值"挑战"，而他和团队认为周而复始的海浪是激情和力量的最好象征，能直接击中人心，但又不会因过于直白而失去韵味。

此后，直接取材于自然的视觉元素频繁出现在 d'strict 的作品中。李诚浩的解释是，因为作品的表现形式是多媒体技术，它给人以尖端、复杂的感觉，在大众认知里，科技往往是难以理解和接近的，甚至是冰冷的。

> "所以我们要选择最普适、容易引起共鸣的元素去表达我们的内容。这样才能作为公共艺术作品，被大众接受和理解。"

遥想一个世纪之前，杜尚直接把小便池搬进蓬皮杜艺术中心的壮举，以及早期装置艺术家们反对"高雅的"博物馆艺术刻意把生活和艺术隔绝开，如今像 *WAVE* 这样的多媒体装置艺术岂不正是回应了艺术走进生活，靠近公众的呼声？

而 *The Infinity Wall* 和 ARTE MUSEUM，虽然有着不同的出发点，资本介入其中的程度也不同，但它们同属于城市公共空间中的景观，也同属于回应审美需求的产物。用李诚浩的话说就是："我们没法逆转已经存在的技术发展，但可以花些心思去让它的应用更符合人的需求，比如审美需求。"

这也暗合了马斯洛的人本主义理论的描述：在物质性和功能性满足的前提下，人还需要精神上的享受，即审美需求和自我实现需求的满足。其实，无论是科技、艺术还是商业，最终的指向都是人——人的需求、人的感受、人的体验。

公司管理：为创意人提供适宜创意生长的土壤

在被问到"为什么会投身创意行业"的时候，李诚浩"坦白"其实是一次机缘巧合，外加一次"华丽的冒险"。

2007 年，李诚浩加入 d'strict。"因为韩国的兵役法规定，作为产业兵在 IT 行业服务可以抵算兵役，正好 d'strict 符合这个标准。我原本打算在这里服完兵役就回会计师事务所的。"两年后，公司管理层找到他，力邀他留下。但真正促使他开始这趟冒险之旅的是同事们对工作的激情和投入，以及他们对自己从事的事业的信心。

今时今日回看，李诚浩认为从一个普通职员做起的经历，反而让他更了解与创意人员的相处之道，以及他们真正需要什么，这也就是所谓"外行人管理内行人的诀窍"。

"创意人通常很敏感，他们希望自己的价值在作品中体现，得到认可。韩国的创意人很辛苦，有时候工作时间很长，薪水和福利水平却很一般。"基于这些，d'strict 为员工营造了更舒适、宽敞的办公环境和高于行业现有标准的薪酬福利体系。而李诚浩更希望 d'strict 可以带动整个行业给创意人提供更适宜创意生长的土壤：稳固的物质基础，体验丰富多元生活的机会和闲暇。他坚信两点：对于创意人来说，体验比技巧更珍贵；用创意改变创意人的生活，就是 d'strict 最大的社会效能。

当我们问到 d'strict 对国际市场抱有多大野心时，他表示，纽约的成功让他意识到，相比于亚洲，在大部分欧美国家，创意对城市的渗透发生早、程度深，"民众认识基础很好"，所以，未来几年，d'strict 的确会加大在欧美市场的投入力度。

至于中国，最让他惊喜的城市是深圳，"深圳有着宜居的城市环境，很干净，很摩登，并且对创新、创意保持着开放包容的态度，如果有机会，d'strict 也很想在深圳做点什么"。

对于李诚浩来说，理想的未来就是用 d'strict 的力量让创意生产者得到商业上的成功，让创意行业繁荣发展，让创意渗透城市生活，对都市人居环境起到提升作用。

> "我们已经有足够多的 LED 屏幕了，现在要做的就是用有创意的内容去改造它们。"

韩国 AURORA 巨型 LED 艺术，2024

飞苹果 | Alexander Brandt

Xenario 飞来飞去公司联合创始人

飞苹果，上海天文馆展陈总设计师，美国国家航空航天博物馆展陈总设计师，中国大运河博物馆总设计师，中国动漫博物馆总设计师，北京微软新视界（Microsoft China Center One）总设计师，上海世博会中国国家馆新媒体艺术总监，AI 之梦——人工智能沉浸式电影总导演。

Alexander Brandt

"

打造展馆新标准，
创造沉浸新体验。

"

一个案例了解飞苹果

上海天文馆

上海天文馆整体规划设计历经两次国际征集比选，由飞苹果所带领的 Xenario 飞来飞去从美国 RAA、英国 HKD、德国 Huettinger 等多家国际顶尖展览企业中脱颖而出。在中国的国际性科技馆建设项目中，这是第一次由一家本土公司中标。

飞苹果作为上海天文馆总设计师，以三体运动为灵感，实现建筑与天文故事体验的完美融合，根据主题内容创造体验的起承转合，将展览变成一部电影，让观众成为主角，参与一场充满戏剧性的天文探索之旅，让所有来到天文馆的人都能感受到宇宙和星空并非遥不可及，宇宙的故事就是人类自己的故事。

展馆设计是"创造比生活更好玩的生活"

作为一个已在中国生活、工作了二十多年的德国人，飞苹果可以流利地用中文交流；而作为艺术家、展览设计师，他在中国用展馆设计讲述了更多的故事。飞苹果带领着一支超过百人的专业展览团队，在中国本土成功落地实施了六十多个展馆和展览项目，其中包括上海天文馆、北京微软新视界、上海世博会中国国家馆、中国动漫博物馆、美国国家航空航天博物馆等享有盛名的世界级展馆。

不过，在提到上海天文馆给观众带来的震撼人心的体验时，飞苹果没有提那些听起来响当当的技术指标，而是用各种生动有趣的比喻，给大家讲一个关于人与宇宙的故事，一个关于"我们在哪儿，我们从哪里来，我们去往哪里"的故事，飞苹果及其团队对于展馆设计的创意正藏在这些故事里。

故事和体验是上海天文馆的重要基因

Q：如果人们要去参观上海天文馆，你希望他们关注哪些方面？

A：我们在做上海天文馆时，坚守着两个非常重要的原则。第一个原则是通过故事串联所有内容，第二个原则是从内容主题出发创造沉浸式体验。

上海天文馆一共有三个主展厅，我们用一个故事串联起三个展厅，试图去回答一个关于哲学与科学的问题——"我们在哪儿？我们从哪里来？我们去往哪里？"科学对大部人来说可能比较遥远，看不到、摸不着，但是如果把科学与人们所关注的哲学问题联系在一起，让大家有共鸣，你就会发现科学其实并不陌生，而正是我们关心的问题。

"我们在哪儿？"
我们在哪儿？我们身处地球。展厅一"家园"从人类较为熟悉的三个天体——地球、月亮、太阳，延伸到整个太阳系，包括八大行星以及其他丰富的天体。区别于一般天文馆的陈列式表达，上海天文馆在展示八大行星的排列时，用了一种对比式的表达，比如，最大的火山在哪里？重力最大的地方在哪里？通过对比呈现地球、太阳周围的空间，让大家比较容易找到对于"我们在哪儿"的解答。

"我们从哪里来？"
展厅二"宇宙"说的是宇宙的起源，贯穿其中的是从宇宙大爆炸到人类诞生的故事线。"宇宙大爆炸"是时间、空间的开始，也是光、引力、元素这些东西的开始。此时，我们会从宇宙的角度去看地球，看到地球上有生命的痕迹，比如，光亮就是人类用电的证明。

"我们去往哪里？"

最后，展厅三"星河"讲的是关于未来的故事。展厅三用一个走廊讲述了人类宇宙观的发展史，从天圆地方到地心说，再到日心说等，然后再进入一个模拟太空的空间讲述人类的航天探索。

总而言之，大家可以在三个展厅中分别以不同的角度看地球，"我们在哪儿，我们从哪里来，我们去往哪里"的故事线贯穿了三个展厅。我相信观众能感受到这个展览有逻辑性、节奏性、趣味性，而不是一个枯燥的科普内容展示场所，大家能把自己想象成探索家，体会走进太空的感受。

就拿展厅一来说，区别于一般的展览馆、美术馆，我们没有在四周的展墙上展示任何东西，展墙是空的。进入展厅的观众会被纯黑的空间包围，有一种类似宇宙的空间感。观众的周围会有各种各样的天体装置、科普信息，还有一些简约、美丽的线条来表现天体运动。展厅二和展厅三有表现时空理论的"时空之网"、太空站等供观众体验宇宙空间、探索天文知识。

Q：Xenario飞来飞去用故事和沉浸式体验串联起来的展览空间，具有逻辑性、节奏性、趣味性，我们可以这样理解吗？

A：是的，就好比人们去迪士尼乐园，不是因为里面有一个多高、多厉害的建筑，很可能是因为喜欢他们的IP。而去一个天文馆，是因为你能学到一些东西，会被一些东西打动，获得一些关于地球、关于生命的体验。

上海天文馆"家园"展厅——太阳系行星实景图，2021

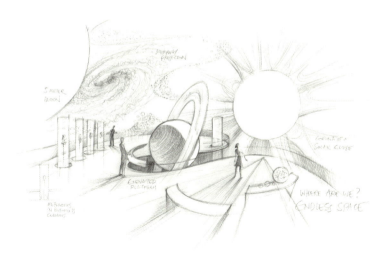

上海天文馆"家园"展厅——太阳系行星手绘草图，2021

上海天文馆"征程"展厅里第三次看地球的视角，2021

很多人在讨论上海天文馆的亮点时，会说这里有一个巨大的球幕影院、令人惊艳的太阳模型等，我觉得这些东西都是技术指标。用同样的技术指标，你可以做出一个很烂的效果，也可以提供特别有意思、特别棒的体验。上海天文馆有很多令人赞叹的东西，球幕影院、动感影院、3D体验空间等，但是我不认为技术指标能成为一个展厅的特点。

Q：上海天文馆深受学生和家长的欢迎，我们猜可能是在"双减"政策实施下，家长越来越重视孩子的素质教育。您在做这类展馆时，会用哪些方式给大众，尤其是孩子们提供文化教育科普的功能呢？

A：我个人的理解是，"双减"的目的是重视、创造课堂之外的教育体验，不是把传统教育带到展馆，而是想要让大家在生活中加强一下课堂里缺少的东西。

打个比方，我们小时候接受的教育，有来自父母的，有来自学校的。学校教育有一个完整的教育机制，但父母的教育一般没有方法论和逻辑，是"参与体验"：你想吃糖，所以你学会了"糖"这个字；你想摸这只狗，所以学会了"狗"这个字，这些都是根据你的生活体验、需求而产生的学习行为。

所以，作为一个做展览的人，我绝对不会把常规的科普教育带到展厅里。与之相反，我想要根据人们的需求、好奇心、爱好，把生活的体验带到展厅里，为人们创造一个丰富的、予以知识回馈的"生活浓缩版"——就如同我们小时候父母提供的教育。

大部分人很难有成为天文科学家或者航天员这样的人生经历，因此，我们把这种体验浓缩后放进展馆里，想让大家通过体验来感受。虽然，我们设计展馆有方法论，但我们不会做成一种有教育知识体系的科普场所，而是让人们参与、玩，通过试错来挖掘自己感兴趣的东西，其实这是更有效的学习。

Q：说到观展体验，你说过儿童和成年人观看同一个展览是不合理的，因此想到了艺术展示的智能化。我们十分好奇，现在你通过人工智能给不同的参与者实现多元化观展了吗？对这方面有什么新的探索吗？

A：我必须承认，暂时还没实现这样的事情，这也是我们公司现在正在研发的项目"AI之梦——人工智能沉浸式电影"，希望实现以更深度的体验为不同的观众量身定制多元阅读的可能性。

我可以用卓别林的电影来举例说明。卓别林的电影可以做到让小朋友觉得很开心、很好玩，同时，有一点儿知识背景的人会知道故事讲的是犹太人在二战时所受的苦。对于同一个作品，我们可以有不同层次的理解，不管是电影、海报，还是一个展览，都可以有多层次的阅读。

我认为这件事情是很有意义的，特别是对于天文知识的理解。我如果说八大行星，这个你是很清楚的，但如果说量子力学，你就不一定知道了。就像维基百科有很多个语言版本，为什么呢？因为大家的语言不同，但语言不能限制我们接触知识，我们要解决的就是这个问题，我们需要给拥有不同知识背景的人提供不同的体验。

Q：你和团队在设计、建设上海天文馆时还有什么特殊的经历吗？

A：上海天文馆有 10 000 多平方米的展示面积，共有 640 件展品，我们要认真研究每一个展品背后的原理，理解透彻，否则展览呈现出来的东西怎么成为一个具有科教功能的工具？在理解透彻的基础上，还必须创造一个最直观、最符合展厅需求的展项。

做展项的过程是非常辛苦的，我们每一个展项都是经过四轮汇报做出来的，一共有 640 个展项，提交了 9 个设计包，包括整体规划设计、展示空间设计、展示内容设计、创意展项设计、视觉规范设计、灯光声音及配套系统设计、教育活动规划、智慧场馆设计等，可想而知这件事的压力和工作量吧？每个展项都有自己的结构、媒体内容、讲述方式、互动功能，它的外观又涉及材料、安全性、维护等。

如果做一个历史展馆，展品是一幅画或者一座雕像之类的，如何把展品挂起来、摆放在什么地方，选择是比较有限的，所以相对是一件比较简单的事情。但是如果要做一个天文主题的科普展项，工作量就非常大，我们没有现成的展品，不像自然博物馆有标本，历史展馆可以展示文物，我们要自己打造所有天文主题的东西。

展馆设计的创意飞来飞去

Q：在上海天文馆这个项目上，经过两轮国际性的展示方案征集比选，你们在与美国 RAA、英国 HKD、德国 Huettinger 等多家国际顶尖展览规划设计企业的竞争中脱颖而出，你认为你们公司的主要优势是什么？

A：首先，坦白地说，我认为这个过程不是很顺利，更像是有许多意外促成了今天这样的结果。其次，你问我们的优势是什么，我认为这关乎我们的企业文化。企业文化这个东西不是知道了要进行比选，大家忽然开始很热情、很认真，企业文化是一个漫长的梳理过程，是通过内部文化长期形成的一种工作习惯。

我们的企业文化使我们的团队有研究精神，有坚持、吃苦的习惯，每个人都坚信做展览设计不只是为了赚一份钱，每个人都认为这件事情存在一种社会意义，每个人都希望通过参加上海天文馆的项目让自己的生活变得有意义，让自己的工作变成一种对社会的回馈，或者说"礼物"。

Q：我很好奇为什么你给自己取的中文名叫"飞苹果"，公司叫"飞来飞去"？

A：2005 年，包括我在内的一群艺术家成立了个艺术工作室，其实一开始没准备要成立公司的，后来在一次偶然的机会下，我们和中国美术学院合作了，顺其自然地成立了一个公司，叫"飞来飞去"——大家只是觉得挺好玩、挺可爱的。

平常员工都习惯了叫我"飞老板"，因为我很喜欢把自己做的东西跟"飞"

| 搭上关系，从"飞"的意象中找到灵感，放飞自己的想象力。

Q：Xenario飞来飞去从最初只有几个人组成的小团队到现在一百多人的大团队，团队的分工经历了怎么样的变化？

A：一开始是小团队的时候，一个人会身兼多职，比如，我要自己焊电路板、剪辑视频，但这其实是个很愉快的阶段。后来发现各自的专长不同，分工也越来越专业化。从招聘的角度说，招人也需要明确岗位职责。如今，我们公司有九个部门，大家都有明确的分工，各司其职。

从小团队到大团队，我们对创意的追求是不变的，但我们的专业性越来越强，很多更大规模、更复杂的展项的深化设计是需要专业分工才能做到的。团队正因为一直保留着认真研究的艺术精神，才能达到我们今天展馆的设计效果。

Q：Xenario飞来飞去平常工作的创意流程是怎么样的？

A：我先说一下我们一般接到案子后会做的前期准备工作。第一，我们会看各种纪录片、资料，对项目进行深度研究，在此基础上进行两轮内部汇报；第二，我们会到现场进行场地研究，评估、分析建筑的大结构、承重墙、消防疏散口等方面，再基于甲方提供的图纸进行建筑结构分析报告——这两步完成之后，把基础做好，我们才开始真正的创意工作。

我们公司有一个"游戏规则"：他们想要什么？我们在发散创意之前都会先回答这个问题。然而，客户通常不会或者不能回答这个问题，我们就需要洞察客户做这个展览的真正目的、理由，比如，上海天文馆为什么需要一个国际团队，有些展览是否有资金压力，客户是否有成为教育科普基地的要求，等等。

飞来飞去展览设计的创意工作流程大概是这样的：

1. 胡思乱想，或者说是用儿童的角度来思考，儿童般自然、天真、游戏、娱乐的视角最能描述创意的精髓。人类的本能是喜欢玩、探索、发现，我们在此基础上进行深化，让观众在游戏、玩耍中学到知识。

2. 形成初步想法后，根据空间结构分析有哪些"大想法"，也就是确定有哪些核心展项，用空间、媒体、互动完美结合的形式满足客户的需求，激发观众的探索欲。

3. 布置"大想法"，通过画泡泡图，将想法布置到平面图上，细化展项的主题（核心思想）和脉络（传达核心思想的方法），进一步调整故事的讲法。

完成以上三个阶段之后，才是展项设计中无数轮草图、开会、建模、不断优化的过程。

我这里还想特别说明一点，很多人可能觉得一个展馆的创意体现在投标阶段，但从业时间越久，我越觉得创意其实是在深化设计的过程中产生的，这时才能真正决定展馆的质量。

比如，我们在展馆中做一个机械互动装置，除了它的外观和内涵之外，这个装置使用什么材质，怎么样避免安全隐患，如何维护这个装置，装置如何发声，如何避免和展馆内其他声音发生冲突——这些细节的设计决定了一个展馆的好坏。

Q：你多次提到"讲故事"这件事情，你们公司在做展馆时很重视这一点吧？

A：是的，我认为一个好的展览不只是一个展项或者一个空间设计，更重要的是故事和讲故事的方式和逻辑，这方面体现在我们对文案策划工作的重视上。文案策划的同事有时会很沮丧，因为他们的工作无法体现出来，客户看到的基本是展馆的效果图。但我把文案策划的工作比作一辆车的轮子，我们虽然看不到轮子的制造过程，但是它非常重要。

我们公司的特别之处还在于文案策划和展示设计的结合。大部分公司设计和文案的工作是分开的，相互独立，但我们的文案策划和展示设计人员会反反复复地来回讨论，因此，我们的展馆最后呈现出来的结果也是一种很好的融合。

Q：你们公司还有一点和其他展览设计公司不太一样，就是在工作过程中依然手绘草图，这会对你们的提案或者项目落地有帮助吗？

A：是的，目前中国应该只有我们一家公司坚持手绘草图。现在大家都做三维设计，对吧？我们的习惯一般是先完成一个手绘草图，然后在草图的基础上做 CAD 和 3D 的设计，在这个过程中就会形成海量的草图。

最开始就用电脑塑造三维模型会比较慢，把材质贴上去、渲染一下，一个小时就过去了，时间成本比较高，最后的结果可能就是来不及了，不修改了。但如果设计是从草图开始的，那就不一样了，草图是一笔一笔画出来的，想改就改，想擦就擦，每一个下笔的动作都能出来一个造型，要修正造型也是短短几秒的行为。

所以，我们认为手绘草图是最佳解决方案，展馆的形象会很直观地从你的脑海里浮现并通过手绘草图表达出来。可能未来有一天，在人工智能等各种技术的帮助下也可以用电脑实现手绘草图的操作，但就目前而言，现在的电脑都太"笨"了，你要建一个三维模型，真是一个点、一条线慢慢拼出来的，而且渲染的速度太慢了，但是手绘就能很快地将你脑海中的想法呈现出来。手绘草图可以把你认为最核心的、最重要的想法画出来，之后再慢慢讨论灯光、透明度、材质、渲染等细节问题。

Q: 从事创意行业的人经常会面临个人想法和甲方意见两难的问题，Xenario飞来飞去作为一个创造型的公司，是否也会面临这样的抉择呢？

A: 我们公司基本上没有这样的事情。我们公司的团队怕的不是甲方，而是怕我本人（笑）。我和团队经常会为了最好的结果而争执，这是我们工作的常态，就像一种游戏，大家会津津乐道于今天谁把飞苹果说服了。

我会很正式地、严格地向团队提出意见，会以书面的形式告诉团队我想修改什么、为什么想修改。开会的过程中我会反驳他们，他们也会反驳我，或者说我有意地培养他们反驳我。长此以往就会发现，如果不是对自己的设计成果很肯定、花了功夫，就无法在争执中说出坚持自己做法的理由。

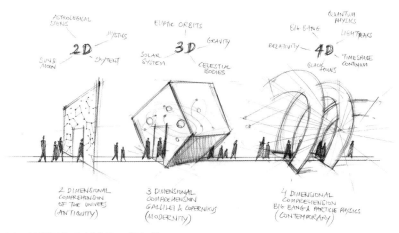

上海天文馆的设计概念手绘草图，二维到四维，2021

上海天文馆的月球场景——嫦娥探月手绘草图，2021

当我们面对甲方时，甲方提出意见，我们也不会立刻答应，我们会坚持，会与甲方争执。比如，我们和上海天文馆的馆长有一个约定，他们第一次提出意见的时候，我们可以有一次机会证明我们的想法，如果他们还提出第二次修改意见，我们就执行。由此看出，甲方其实不希望乙方顺从接受所有意见，甲方更希望听乙方说出设计的道理。而且，一般甲方提出的意见通常都基于他们的某些经验和道理，我们未必了解，这其实是双方的立场和角度不一样的问题。

用体验触碰未来展馆的天花板

Q：Xenario 飞来飞去的愿景是"打造展馆新标准，创造沉浸新体验"。

A：其实，公司的愿景只有前半句是我说的，后半句是我女儿补充的。首先，我把自己定位为创意人才，要在创意、技术、实现、维护每一个阶段做到新标准，努力做到这个行业的"天花板"。无论是我个人还是团队，我们都以最好为目标去工作。

后半句"创造沉浸新体验"——我们想把展览引向体验，因为我们知道很少有人会把展馆的所有的图文板块看完，所以，我们想通过故事加体验的形式让所有人乐意以玩的形式在展览中学到东西。就像我之前说的，玩这件事情是顺应人的本能的。我们提供的体验是"创造比生活更好玩的生活"。

Q：以你多年展馆设计的经验看来，一个好的公共文化设施应该具备哪些必要条件？为什么？

A：首先，要有一个有追求的甲方。现在很多展览只是为了完成任务而已，比如因大型房地产而生的展馆，甲方其实对展览不感兴趣。

其次，要有一个清晰的故事线，空间、故事、媒体完美结合的参观体验。打个比方，我的目标是希望全世界所有语言不通的人都能在参观罗浮宫时了解作品背后的故事。我个人认为，罗浮宫的展品太多了，却没有呈现出每个作品的故事，应该减少展品数量，提高文化体验。

总而言之，要重视展示内容背后的故事。对于文化类展馆而言，要重视其中的文化内涵，并将其传达给观众。同样的道理，科技类展馆要让观众直观地感受到科普理论，企业类展馆要让观众感受到企业的精神。

Q：现在许多商业体都在通过不同的形式参与文化消费领域，如开书店、办展览。相对于商业体，你认为天文馆、博物馆、美术馆等公共文化设施对于一个城市的文化消费而言，应该扮演一个什么样的角色？

A：首先，我认为商场里的文化场所和博物馆这样的文化场所都是共同努力的一部分，不分好坏和优质与否，我不认为一个东西有商业目的就代表这个东西本身不好。

就我个人来说，我在商场里做过展览，也做过不少文化场馆，对我们来说，这些都是展览，我们把这件事情叫作"故事、空间、媒体互动方法的结合"，即便是创造一种文化传播也算是传达，对吧？

但肯定还是有不同的地方，不同场所的展览会创造不同的氛围。比如，教堂给人的感觉是安静、深幽，而许多人前去烧香的寺庙则感觉比较热闹，这是另一种氛围了。再比如，医院给人的感觉是很冷漠、很干净，而在酒吧，酒精让人不清醒，灯光昏暗，看不清楚每个人的长相，音乐调动着情绪。这些都是人类所创作的特定空间，每个空间会让你进入不同的状态。

所以，我认为空间创造了一种独一无二的氛围，把生活中各种各样的情感都聚焦在某一个焦点上，这个焦点如果做得好的话，与文化传播内容是吻合的。比如，如果我要做一个具有中国传统文化氛围的项目，我的灵感来源很可能是故宫，而不是一个企业总部，不同的场所有传播不同内容的优势。

Q：你在中国的二十多年，可以说是见证了中国展馆设计很长一段时间的发展，对比你刚来到中国时，该领域有什么比较大的突破或进展吗？

A：我在 1998 年来到中国，当时从事艺术行业，直到 2003 年才真正进入展览行业。起初，大家对于展览的定位类似于博物馆，还没有展览的概念。到中国举办世博会时，中国的展馆设计水平提升到了国际的技术水平，技术跟上了，但背后文化深度还没跟上去。再到 2010 年至 2020 年，在这个时期，大家越来越关心展览的内容和故事，策展方也为此更加努力。现在还不能说有什么超越、突破，但我很肯定中国没有落后于国际。

Q：你认为目前中国的展馆设计的发展趋势是怎样的呢？如果要以预测的眼光去看中国展馆设计的未来，你觉得可以用哪些关键词来形容？

A：首先，我想说中国和其他国家一样，展览的质量是参差不齐的，会有最前沿的、一线的，也有相对比较落后的。

但我可以很坚定地说，中国会走到一个引领的地位。为什么这么说呢？打个比方，中国在展馆设计领域就像第一次恋爱的人，美国或者其他国家就像结婚十年的人，第一次恋爱的人会更有热情、更"疯狂"，已经有许多大型展馆的国家怎么还有机会和空间去创造更大的展馆呢？中国的展馆设计行业还不那么成熟，不那么饱和，因此充满机遇，投身于这个行业的人将会更勇敢、更天真地进行各种尝试。

最后，我问飞苹果，作为在中国生活、工作了二十多年的外国人，中国文化对他有什么潜移默化的影响？他提到了语言，"学习中文就像在家里找到一个秘密的门，打开这扇门，家就变大了两倍，生活中的体验也翻倍了"，中文给他带来了一种思考的方式。

飞苹果何尝不是给我们也打开了一扇门呢？

藤本壮介｜S o u F u j i m o t o

藤本壮介事务所创始人、建筑师

日本建筑师，藤本壮介建筑事务所创始人。作品包括
装置、住宅、基础设施、文化空间，目前担任 2025 年
日本大阪·关西世博会总设计师。曾获多项国际奖项，
包括《建筑评论》大奖、日本建筑师协会（JIA）大奖、
巴塞罗那世界建筑节一等奖、法国蒙彼利埃国际设计
竞赛最优秀奖等。

Sou Fujimoto

"

我想创造一些

能把自然跟城市、建筑

嫁接到一起的事物。

"

一个案例了解藤本壮介

NA 住宅

藤本壮介以"栖居在树上"为创作灵感，用 21 块独立楼板组成了这栋透明建筑，让居住者可以自由探索变化中的生活空间。其中，既有可供夫妇两人相处的亲密空间，也有可供独处的个人空间。该作品体现了藤本壮介对人和人之间关系的探索。

未来的建筑，就藏在原始的森林里

作为日本新生代最有才华的建筑师之一，藤本壮介有着独树一帜的建筑风格——一种简单甚至原始的风格。在他设计的空间中，会有一种莫名的亲切感——不是指社交关系中的那种亲密无间，而是让人感觉到摆脱了现代社会光和电的桎梏，回到一种自然原初的状态中。在这里可以拥有最大限度的舒适与自由，仿佛自己也变成了一株穿墙而过的枝丫，随着微风从清晨晃悠到下午。

见到藤本的那天，他穿着深色的衬衫，给人感觉沉稳而彬彬有礼——就像他设计的建筑。他非常有礼貌，始终和颜悦色，谈吐轻柔。在采访时，说到他认为的奇妙之处，便毫不掩饰地仰头大笑。

即便已经在世界范围内获得了无数认可，藤本的建筑依然常常被拉出来讨论。有人说他的建筑不像住宅，更像装置艺术。也有人认为，他的先锋设计给人带来许多新的启发。对于外界的争论，藤本看起来并没那么在意。他有一种难以形容的稳定感，对很多东西都一笑置之。"我想在尊重世界的复杂性的同时，创造出一个允许多样性的地方。"

原始的未来

看藤本设计的建筑，你会很容易感受到自然元素的重要性。他为匈牙利布达佩斯设计的音乐之家，从远处看去仿佛一片散落在丛林中的蘑菇。好像随着四时变换，这座建筑也会和身边的草木一起生长、凋零。

这样的风格，很难不让人联想到藤本的家乡——风景如画的北海道。他直到成年后，才去东京求学。我很好奇，北海道是否为藤本埋下了一颗喜爱自然的种子，让他在之后的设计中频频回顾家乡的景色。

> "我喜欢北海道，但我也很喜欢东京。北海道的自然风景很美妙，东京的人造的甚至有些混乱的风景也很有趣。我既尊重自然又尊重城市，我想创造一些能把自然跟城市、建筑嫁接到一起的事物。"他提到了他的建筑理念"原始的未来"——这个乍一听有些矛盾、晦涩的短语。"我们想回归一些非常根本的事物，但并不是模拟原始的东西，而是要把一些东西带回来，而且要带到未来。"

如何把原始的东西带到未来？以藤本自己为例，他为布达佩斯设计的音乐之家（House of Music），就是从"树"中获得的灵感。

在这个音乐厅里，无数"枝叶"构成了宽大的屋顶，其中分散着一些空隙和天窗。当自然光从屋顶穿过，仿佛日光穿过树叶洒落在建筑内，人们如同置身于森林之中。一些当地的树木也可以穿过屋顶，自由地生长，让人感到好

音乐之家，2021 ©Iwan Baan

像在户外散步，但实际上仍在建筑之中。

在这里，建筑和自然仿佛达到了某种程度的平衡，它们互为延续，没有明确的界限，但是每一个置身其中的人，都感到舒适与和谐。这种感觉就很贴近藤本追求的"原始的未来"。他把森林"翻译"成建筑，同时带给人们舒适。这个过程充满了创造性，就像藤本在《建筑诞生的时候》这本书中所说："这些建筑并不是简单地回归自然，而是对自然界中的多样性进行了重新塑造。"

"比起艺术性，舒适也同样重要"

和我一样，许多人对藤本建筑的第一印象都是：纯粹、简洁。比如，与名字十分相称的白色树塔住宅，在法国南部温和的阳光下尽情舒展着"枝叶"，光是看到建筑的照片都让人想停下来，舒服地伸个懒腰。

但紧接着而来的问题是，这么好看的房子，真的好住吗？四四方方的结构和混凝土墙壁虽然无趣，却很安全。而藤本在打破建筑框架的同时，似乎也在提出一种对建筑的新的定义，正如他曾用"充满挑战性的舒适"来形容 NA 住宅带给居住者的感觉。

面对这个问题，藤本哈哈大笑，脸上出现"你终于问了这个问题"的表情。"我理解你的意思，但事实上我非常喜欢创造舒适、实用的空间。只是，我希望它不仅仅是一个实用的东西，还有其他的价值。因为如果只有功能，它有时会重复我们以前的东西，而真实生活是复杂多样的，就像人和人以及社会之间的关系，它并不那么简单，我喜欢基于这种尊重人们生活和社会复杂性的态度，尝试找到新的东西。它既满足了功能需求，同时又超越功能，具有更多的价值，这更令人兴奋。"

实用性和艺术性听起来确实像是一对天生的冤家。但对藤本而言，他选择了一个更加温和的立场：舒适和实用本身就很好了，如果能在此基础上融入艺术性或新的功能，那就更好了。

说回白色树塔（L'Arbre Blanc），这座建筑位于法国南部日照充足的蒙彼利埃。"那里的生活方式是非常棒的，居民喜欢享受大自然、享受阳光，我们要尊重当地的生活方式。"

在这样的目标引领下，他创造性地设计了悬臂式阳台，使塔屋中的每套公寓都拥有一个至少 7 平方米的户外空间，既可以让居民享受日光，又创造了邻里之间互动的新可能。而这一设计使得整个建筑从远处看，就像一棵在阳光下伸展枝叶、尽情展示生命力的大树。这恰好呼应了藤本的理念——如果用一种能给人更多惊喜的方式为人们提供舒适的居所，那么为何还要拘泥于保守的设计呢？

白色树塔，2019 ©IWAN BAAN

"对我来说，客户是令人兴奋的合作伙伴"

作为一个风格如此鲜明且独树一帜的建筑师，我实在好奇他是如何与客户相处的。

> "我不会选择客户，是客户选择我。大多数时候是客户期待一些非同寻常的东西，他们的要求中本身就有一些特别的东西。客户有很多可能性，他们对未来有着许多独特的愿景。我们建筑师可以从他们的愿景中获得灵感——一些文字、想法或照片，然后将其转化为建筑，这样就不是他们问什么我们答什么，更像是在相互交流中平行地前进，而不是互相打架。对我来说，客户是令人兴奋的合作伙伴。"

藤本壮介著名的设计案例 NA 住宅就始于客户与众不同的诉求。业主是居住在东京的一个安静街区的一对年轻夫妇，他们向往自由的生活方式，认为比起在固定场所干固定的事情，像游牧民族一样走到哪里就在哪里生活更有趣。

"像游牧民族一样生活"的奇怪要求，丢给哪位设计师可能都会使其抓狂。但藤本壮介听了这话，却冒出奇思妙想：如果不用房间，而是用楼板和台阶来创造一个空间，让每个空间的功能都可以由里面的人来创造，那是一件多么有趣的事情！于是，看上去像透明积木一样的 NA 住宅诞生了。在一众厚实的混凝土建筑中，由 21 块独立楼板组成的空间轻盈得像是从二次元世界误入现实。

NA 住宅是很一栋很"藤本壮介"的建筑。他以古代先祖的树居生活为蓝本，将其进行了现代化和城市化的改编。建筑内没有强硬的隔断，只有轻巧的楼板和可移动台阶。每块楼板都没有明确的功能，你很难说哪里是客厅，哪里是餐厅，而这也正是它的奇妙之处。你可以自定义每块楼板的功能，这使得业主在不大的空间中，也可以感受到自由多元的生活方式。

在执行时，由于建筑结构特殊，电线、网线不能走墙壁。为了确保按照最初设计呈现，业主还增加了预算，这大概就是理想的客户关系。用藤本的话来形容："他们选择了我去创造一个特殊的建筑，我也很高兴能和拥有这些美妙想法的人一起工作。我们是平等的伙伴，而不是一种单向的选择。在大多数情况下，伙伴之间总是可以相互理解的。"

"建筑不是住宅"

如果要用一个主题来理解藤本的设计理念，那么一定是对建筑定义的不断质询。不论是原始未来主义，还是模糊的建筑，都是他在追寻答案过程中做出的尝试。

"我们没有理由重复现状，我们可以让它变得更好。但这并不是一件简单的事情，因为没有人知道哪个方向更好。从这个意义上说，我没有一个固定的方向。如果我可以让人与自然、人与人之间有更好的关系，这

一定很有趣，但我不能说这一定是正确的。我只是感觉到了，并且很喜欢它。"

路易斯·康曾说："所有建筑都是住宅。"而藤本在书中写道："建筑不是住宅。"在他看来，城市、街道、自然都是人栖居的场所，住宅只是其中一个。他要找的不是有具体形态的庇护地，而是有宏观意义的居住场所。所以，他会在岩石上放置建筑，在街道上设计透明的楼房，这都是在探索"居住"和"生活"的可能性。而疫情的到来，让建筑的复杂性对大众敞开，传统语境下对住宅和办公室的简单定义已经被抛弃。藤本认为这恰好是迫使我们询问本质的契机。

"我们进入了一个更复杂的时代，我认为这次疫情让我们意识到了这一点。以前，人们说房子是居住的地方，但这种定义太简单了，人们可以在家里做任何在办公室做的事情。办公室的界限已经不复存在，那些更舒适或居家的社交空间，会成为新的工作场所。"

"因为人们的思想、关系、社会并不像现代人所说的那么简单，我们要尊重这种积极的复杂性。无论如何，新的时代正在到来，建筑设计或环境设计都应该开始改变，虽然还不明显，但是我觉得任何类型的融合、变化都有可能发生。"

Q：你认为建筑师积累学习最重要的途径是什么？
A：一是通过日常生活和工作，还有另一个途径就是学习历史，参观许多不同的地方，看看不同的人和不同的气候，体验不同的城市和不同的生活，它们可以放大我们的想法。

Q：深圳有许多建筑都是普利兹克奖得主设计的，如汉京中心、深圳图书馆等。你最喜欢哪个？

A：我只是从远处看到了汉京中心大厦，没有进去，但我很喜欢它的设计理念，就像一个非常高的、垂直的花园。我很早以前就参观了矶崎新设计的深圳图书馆，我很惊讶于它的开放性，就像一个玻璃空间，但是里面有点热（笑）。

Q：你为深圳前海设计的塔（TOWER）的灵感来源是什么？

A：我真的很喜欢它，因为它完全不同于任何一种现有的塔楼设计。它看起来像一个巨大的瀑布，或从水中崛起的巨塔。这个设计一方面与前海的地理位置息息相关，因为它是临海的；另一方面也是我对这里的印象，无论是前海地区还是深圳市都在不断崛起，变得更好。

Q：可以给年轻从业者提一些建议吗？

A：我没有什么好建议，只是想说，我希望年轻一代能享受设计，这很重要。因为如果你有激情，你也会遇见充满激情的客户，你们的合作就可以创造出真正美妙的事物。另外，你应该多去旅行，看看各种历史的或现当代的建筑。如果你亲眼看到了那些美妙的建筑，而不是通过电脑屏幕，它们一定会为你的设计提供新的灵感。

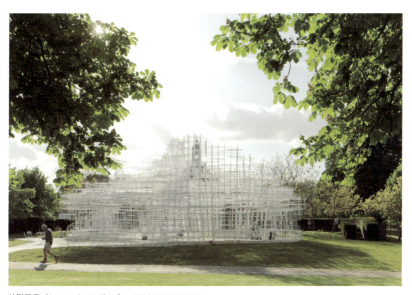

蛇形画廊（Serpentine Gallery），2013 ©IWAN BAAN

戚山山 | Qi Shanshan

STUDIO QI 建筑事务所创始人、首席建筑师

戚山山现致力于中国城市问题思考和中国乡村实践，反思如何超越地域限制，为世界带去中国文化。她于 2012 年创立 STUDIO QI 建筑事务所，是民宿集群"宿集"总规划师和首席建筑师，松赞集团首席建筑师。其作品获得美国 WAF 建筑大师奖、欧洲 LEAF 绿叶建筑金奖、WA 世界建筑最佳居住奖、UED 中国最美民宿设计大奖，她也入选"2018 全球 20 位女性建筑师"。她坚信建筑师必须负有强烈的责任感和敏感度，建筑应该是一股温柔的力量，而设计，归根结底是寻找一种"刚刚好"的状态。

Qi Shanshan

"

建筑达到它的目的就可以消失了，

建筑师也可以消失。

"

一个案例了解戚山山

松赞来古山居

松赞来古山居曾创下松赞史上海拔最高、施工难度最大的纪录，在国内酒店史上也算是里程碑式建筑。酒店位于西藏然乌来古村，四周汇聚了世界第三大海洋性冰川群，是滇、川藏线最偏远的地方之一。该建筑拿下了亚太建筑与设计奖（A&D Trophy Awards）酒店及度假类建筑最佳大奖。

在 4 200 米海拔处造酒店，
自然设计还能突破哪些人类想象？

松赞一直是度假酒店业内比较特殊的存在：它是中国第一个以环线概念打造的精品酒店群，花费十八年，以西藏为起源，一路从丽江到拉萨，佛寺、雪山、冰川、河谷……十二家精品山居和林卡酒店将滇西北最险、最美的风景串联成一条线路，沿线拥有堪称世界级的风光。除了被粉丝们追捧，它还在国际上占有一席之地，曾被美国 CNN 列入中国风景最好的九家酒店之一，也在英国贵族杂志 *Tatler* 选举的"101 家全世界最好的酒店"中榜上有名。

过去，游客是为了旅行才订酒店，但现在，人们能依据松赞开辟的滇藏线开启一段旅程，专门享受以酒店为目的地的旅行产品"松赞环线"。可以说，松赞让一代人的旅行方式有了更多想象的可能。

松赞创始人白玛多吉曾是央视纪录片导演，也是名藏族汉子。在滇藏线上，由他挑选的奇美风光、风俗文化往往最能深入藏族本地。其中，来古山居就建在 4 200 米海拔处，对面是震慑人心的来古冰川，去过的人曾感叹："能将酒店建在冰川对面，是何等的气魄和勇气！"你很难想象，接手设计的是一位长着娃娃脸的杭州姑娘——戚山山。

在社交媒体上，她的名字往往和哈佛、美女、冰山旁造房子联系在一起，又因为她是建筑行业少见的女性，几乎成了各大媒体热衷贴标签的存在。但如果你只关注她女性的身份，一定会错过很多了解她作品的机会。

她确实属于精英学院派的建筑师，先后在国际知名建筑事务所 Renzo Piano 和 Foster + Partners 工作过，在挪威、美国、阿根廷等地都留下过作品。回到国内，戚山山一手创立了 STUDIO QI 建筑事务所，在中国美术学院读博士，师从著名建筑师王澍，几年内，除了打造出媒体争相报道的松赞系列酒店，更引领了不少民宿作品落户在秦岭深山、宁夏黄河边、内蒙古草原等绝美之地。

我和大家都期待着，未来，那些开辟进自然之境的建筑设计究竟还能突破哪些人类想象，带领我们去往何地？

改变一代人旅行方式的松赞

在社交平台上，许多住过松赞酒店的人都不免重复一句话，"来西藏没住一次松赞，是没有完全体验到藏文化精华的"。比起位于拉萨的连锁豪华酒店品牌瑞吉和香格里拉，松赞酒店绝对不算奢华类型，但和纯正的藏式民宿比，它显然又多了一些规格和调性，价格也不菲，单间每日价格在 1 000~5 000 元不等，松赞环线"精品山居旅行"产品更是过万。

松赞究竟有什么特别的？没有奢华的装修和配套设施，以及"高大上"的服务标准，连服务员都是本地居民，却能让中产游客纷至沓来，这或许能从契合松赞调性的戚山山的设计中找到一些原因。

因为不能破坏自然景观，整座酒店被镶嵌在山崖上，小小的体量半盘旋在山体内部，几乎和周围原始村落融为一体。由于酒店位于 4 200 米海拔处，是整条滇藏线的制高点，几乎无法进行大型施工，只能采用模块化组装：先在上海进行模块细制作，解决所有的建构品质问题和生态环保问题，然后再通过盲吊将生态模块一个个地飞吊在悬崖旁，最后像插件一样组装好。

和一般追求夺目、奢华的星级酒店相比，来古山居最可贵的地方是做得极其低调。哪怕占据了得天独厚的位置，推窗就是冰山绝景，也仍怀抱着对大自然的敬畏之心，选择最朴实的方式居于小小一隅。

正如戚山山所说，做酒店设计最难的一点，是要把设计性体现在使用与感知上，而不是装饰上。除了在设施上细致考虑供氧与抗寒，她更在意的是游客是否能在记忆里留住眼前的美景，而非只是把这里当作匆匆拍照打卡的地方。"在那么高的海拔处建造酒店，除了技术层面需要过硬，我最终的目标是想让旅人与冰川有最直接且深刻的连接。"作为鲜少有人能踏足的冰川之地，来古冰川正以每年 50 米的速度后退，如果没有像松赞这样的酒店建筑，大多数人可能终生都无法踏足此地见证，或者可能来了也无法与冰川真正对话。所以，如何通过建筑带领住客"看见"冰川，就成了对一个建筑师的最高要求，也是戚山山最想做的事。

跨入小而温暖的客厅，管家会先递上一杯姜茶。坐在二十四小时供氧的房间内，手捧温暖的姜茶，这时候会第一次看见冰川，偶然一瞥，留有回味。在午休坐下品尝美食时，这是第二次与冰川遥望。等到夜晚，裹上浴袍，偌大的落地窗让人感觉仿佛可以一脚跨入冰川湖海。人与冰川彼岸遥望，是中国画里追求的心理空间。

此外，为了更好地看见冰川，屋内的椅子都是调试好角度侧面摆放的。等到第二天清晨睁开眼，冰川依然出现在眼前，此时才会真正察觉到，原来当下真的是环绕冰川湖泊而居。等到离开时，白天、黑夜及各种景别的冰川，最终会拼凑出个人感受，留在记忆里，"而记忆就是最为珍贵的存在"。在她看来，像来古山居这样的建筑，其实就是我们看世界的一扇窗。

作为旅行线路上的酒店，松赞酒店最独特、最有竞争力的地方便在于始终能深入本地人文，坐落在无法复制的自然风景里。所以，它在建筑的处理方式上永远都在处理景色和人的关系，或者说处理人在"观赏"上的问题。

如果来古山居是此岸与彼岸的遥望关系，那么波密林卡就是从山顶俯视自然村落，像一只盘旋的雄鹰。在这里，甚至连藏族管家也可以是一道"景观"，被充分展现出来。和将服务动线隐藏起来的一般酒店不同，波密林卡的建筑就像村落一样四散开来，管家们的动线被大方地敞开在客人面前，她们穿着本地服饰，背着小背篓打扫，宛如一幅动态的人文图。

其新作巴松措林卡临近神湖巴松措，和巴松措湖泊处于平视关系，但本身平

松赞波密林卡，2020

行视角比较平淡，处理起来非常困难，这同样也需要运用到戚山山造建筑如同拍电影的思维，通过构建层层体验，带领人观赏。

> "第一次看一部电影，总有大景小景，会循序渐进地说故事，留有线索，让人产生无尽遐想和感受。电影里的情感也总能保留在我们的记忆里，调动起回忆。好电影如此，好建筑也是如此。当第二次回味这部电影时，记忆会帮我们慢慢解锁，一轮轮地重新体验过往情绪里荡漾起来的细节和感受。"

在戚山山的观念里，真正优秀的建筑绝对不只包括我们眼前看到的，它创造的是一种循环往复的记忆，连接过去和未来，在庸常生活里帮助我们构建新的经验世界，让我们对未来生活产生无尽幻想与希望。

"建筑和建筑师都可以消失"

至今为止，戚山山已设计了十余家松赞的酒店建筑，几乎每一家酒店的风格都不同：2019年建立的来古山居环绕冰山，因为狭小显得温暖、安全；2020年开业的波密林卡在度假区，可以一边游泳一边迎接阳光；2021年开业的南迦巴瓦山居则更像回到了大森林里，秋天红叶落满一地时，宛如待在北美深秋的大木屋里，拥有窝在沙发里抽雪茄的闲适；2022年夏季刚开业的普洱绿谷位于湿地公园，有夏日里微风拂在脸上的潮湿感；2023年夏天开业的巴松措，则像是置身湖边般清爽透明。

戚山山依据地形、四季景观捕捉甚至放大了每个建筑的特色，让人能真正融入周围景观，建筑反而成了一种陪衬。"建筑可以把人的内心和景观联系在一起。建筑达到它的目的就可以消失了，建筑师也可以消失。"

如今遍地是网红建筑，各类明星建筑师不断涌现，我们总能见到越来越带有建筑师鲜明风格的作品出现，但戚山山的作品似乎总在追求融入自然。这些年里，她的作品大多在野外出现，接手的项目也跟松赞一样，越来越成系列。在外人看来，项目是越做越快了。

> "人家可能会觉得我是女建筑师，作品要精致、精细，完全不是这样，我比男建筑师爽气多了，他们抠的小细节，我觉得不一定是最有意义的，野外的山那么大，相比之下，纠结于种哪些精致的小花、小草就没那么重要了。"

了解戚山山个性的人或许都会知道，她非常适合做野外建筑项目。她十四岁时就开始和父亲进藏旅行，这些年自驾进藏几十次，日常喜欢的运动是搏击，拥有一辆吉普车。个性里的坚忍、利落、洒脱也体现在她的设计风格里，作品总是有着很强的野生感和生命力，没有精雕细琢，却能和自然极为融洽地相处。

事实上，在乡野做设计确实顾及不了那么多。戚山山就开玩笑地提起，不是所有人都看得懂图纸，尤其是当地的施工者，有的识字不多，怎么能要求他们看得懂图纸呢？所以，自然设计，懂变通，能取舍，甚至对价值观有所"坚守"恐怕更为重要。

例如，在云南腾冲设计的安之若宿·山便是依山而建的。整个建筑楼梯呈"之"字形，层层跌落的屋顶与遮蔽的路径，一同依附于山坡之上。"因为山体本身就是不精准的，高高低低，错落复杂，所以，沿着山体，台阶怎么走得顺就怎么建造是最好的。我们不用对现场那么苛刻，也不需要追求完美，完美本身没有太多意义。"

在一般人眼里，追求"完美"代表着一个建筑师对自己的作品有所要求。但戚山山认为，"完美"可以代表对自我有严苛要求，但建筑从来都不是属于建筑师的，它属于社会，属于城市，属于使用它的人，属于未来能够记住它的人。更多地将他人放在自我设计之上，不纠结于是否完美，像不像艺术品，而是尽力做成一件被使用、被享受的作品，这恐怕是戚山山多年来在作品里一直想要呈现给体验者的。

最能体现让建筑"消失"的是民宿品牌飞蔦集系列中的黄河宿集。当地建筑大多为夯土房子，但黄河宿集没有在混凝土外部抹一层夯土，假装融入，也没有将房子修成大楼，将客房和客人塞进格子间里，而是选择采用临时性建筑的玻璃房，将客房拆开散落在黄河边。

房子几近透明，外界的芦苇影、黄河光影都可以折射到建筑穿孔板里，映射

飞蔫集·黄河，2019

进每间客房里，景色随即铺陈开来，客人们接收的大自然密度一下变得更大了。早晨，人能在鸟鸣声中醒来，仿佛睡在充满氧气的透明泡泡里。

和黄河宿集"单体散落"相似的还有于 2023 年春节开业，位于内蒙古的飞莺集·草原。广袤无际的草原是 360°环绕景观，为了让人能够欣赏几个面的景观，同时又让建筑不要彼此遮挡，戚山山选择了酷似"蒙古包"的造型，而最后和当地融入的程度也是戚山山没想到的。一切设计都是从实际、实用出发，并非为了"好看"而存在。

除了飞莺集·草原，五千年前曾诞生马家窑文化的甘肃临洮县马家窑迎来了"彩陶宿集"，以及被誉为"最后的江南秘境"的浙江松阳也迎来了"十钟山房"，它们都在戚山山的手中，依据不同景色、不同地形，最大限度地变换造型，成为独特乐章，谱进宿集系列作品中。

但无论怎么变，可以想象的是变化的不只是这些建筑造型，更是人待在其中的感受。戚山山曾动情地说道："建筑的意义不在于建筑本身，建筑甚至可以消失。当你沉浸在冰川前，建筑正在退去，藏进了悬崖；建筑卧倒了，屋顶靠在山林上；建筑可以被拆分成微城市，剩下的是街巷。"

所以，与其追问，未来民宿将以何种形态出现，建筑还能突破哪些人类想象，不如去问，我们更期待看见怎样的自然景色，更期待以何种方式存在于这个世界，与自然进行对话。

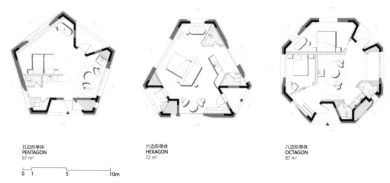

五边形单体
PENTAGON
67 m²

六边形单体
HEXAGON
72 m²

八边形单体
OCTAGON
87 m²

0 1   5   10m

飞蔦集·草原，2023

马岩松 | Ma Yansong

MAD 建筑事务所创始人、合伙人

首位在海外赢得重要标志性建筑项目的中国建筑师。

从 2002 年设计浮游之岛开始，马岩松以梦露大厦（Absolute Towers）、哈尔滨大剧院、胡同泡泡、朝阳公园广场、中国爱乐乐团音乐厅、衢州体育公园及义乌大剧院等充满想象力的作品，在世界范围内实践着对未来居住理想的宣言。

Ma Yansong

"

我曾经觉得，

不被接受是一件很厉害的事儿。

"

一个案例了解马岩松

梦露大厦

梦露大厦位于加拿大第七大城市密西沙加市,它是中国建筑师首次中标的海外重要标志性项目,也是马岩松的代表作。2012 年,梦露大厦被 CTBUH(世界高层建筑与都市人居学会)评选为美洲地区最佳高层建筑。

一个建筑师的温和与反叛

在建筑界，马岩松已经成为一个符号和代名词。

作为首个拿下海外地标项目的中国建筑师，他似乎永远在做人们意料之外的事。在他笔下，那些行云流水的曲线时而流露出赛博朋克的未来气质，时而又如一阵远古的风将人带回自然深处。但无论面向哪个时空，他的设计总是充满一股反叛的劲儿。

在采访前，我本以为马岩松的性格会和他的建筑一样，特立独行甚至有些锋利。但当语音接通，电话线另一端却传递出一种温和且憨厚的气质。他笑着说有这种反差很正常，建筑师本来就是幕后工作者，先看到作品再见到人，难免会有先入为主的印象。"有的人的作品看着很刺激，但本人却比较温和。"

接触下来，很难不认为马岩松这句话是在形容他自己。在被提起太多次的天才标签的背后，是围绕他的建筑久久不散的讨论。喜欢他的人认为他独特、前卫，不喜欢的则直言他的建筑奇怪且格格不入。但无论你是否喜欢他的设计，都不得不承认，他是当今在国际建筑领域最具影响力的中国建筑师之一。

2023 年 10 月，马岩松在深圳举办了展览"马岩松：流动的大地"。这是 MAD 建筑事务所自创立以来规模最大、最翔实的一次展览。借此机会，我们和马岩松聊了聊他最新的作品和思考。

是建筑师，也是艺术家

Q：在"马岩松：流动的大地"展览中，你把一座海鸥雕塑放在展馆中间，有什么特别的意义吗？

A：这个海鸥雕塑是我以前的作品。之前在荷兰鹿特丹做 FENIX 移民美术馆的时候，我设计过一个海鸥雕塑。移民的人离开家乡去一个未知的地方，会面临文化、身份认同的困境。但我去荷兰的时候看到好多海鸥，它们看起来自由自在，想吃东西就吃东西，想飞到哪儿就飞到哪儿去，不像人会有身份焦虑。后来，在米兰设计周，我做了一个更大的海鸥雕塑。那时候正好是疫情期间，我就叫它"自由"（Freedom），它的姿态定格在从老建筑飞出去的那个瞬间，我想通过它传递一种自由的感觉。

海鸥象征着个体的表达和自由。建筑虽然不能直接产生影响，但可以提供这种感受。人们住在一个管制型的建筑或城市空间里，跟住在一个能启发人、让大家有意愿去自由发声和讨论的空间里还是有区别的。

"马岩松：流动的大地"展览现场，2023（摄影：TAL+ 白羽）

Q：你在深圳的新项目"深圳北站超核绿芯"2023年已经开工。这个项目很有科幻感，让我联想到你之前设计的"超级明星：移动中国城"。为什么偏爱运用科幻元素？

A：其实，科幻也是一种人文，有些建筑看起来充满未来感，但都跟具体的文化背景有关系。"超级明星"纯粹是一个概念作品，当时处于北京奥运会前夕，西方对中国的理解要么是"功夫熊猫"，要么就是令人惊叹的城市化发展，但我觉得这些建立不起一个真实的中国。当时，我们正好受邀参加威尼斯双年展，就觉得作为中国建筑师应该去表达一些东西，所以设计了"超级明星"。它是一个能源自给、可以降落在世界各地的城市，也叫中国城，别人看到以后，就去讨论为什么中国城会以这样一个意想不到的样貌出现。它看起来好像很科幻，但其实是针对当时的文化现象做出的表达。

深圳是很新、很现代化的一个城市，但这种现代化是有局限性的，还是照着一种模式去发展，我觉得需要有一个探索性或试验性的未来。深圳湾文化广场也是这样，那个项目看起来没那么有科技感，但也是想跟现实拉开一点儿时空距离。

我确实对未来感兴趣，但我相信未来不只有科技怎么发展的问题，肯定还跟人的文化状态以及他的过去、他从哪里来有很大关系。这些项目就是从当下的时空中抽离，让人思考这些事情为什么是这样，所以看起来有种"不合时宜"的科幻感。

Q：你为今年阿那亚戏剧节打造的"候鸟沙城"体量相对较小，和前面聊的深圳湾文化广场那种宏大的建筑看起来很不同，你做这个项目的灵感是什么？

A：候鸟沙城和城市里的建筑不太一样，它不符合我们对建筑应该坚固、永久甚至伟大的期待。在这个项目里面，建筑只是提供一种空间氛围，人的活动更重要一些，所以我只做了墙，没有做屋顶。你只有进去感受空间布局，参与里边的活动，才能真正感到这个空间里完整的内容。从这个角度来说，它像一个微型城市，因为我觉得城市最终还是关于人怎么生活、怎么想象、怎么思考的。建筑和布局只是一个舞台或者载体，所以在这个项目里，关于设计的东西会有意弱一点儿。

而且，它有存在时限，只存在三百小时。从一开始就有一个电子时钟在倒计时，当这三百小时结束的时候，这一切就都结束了。这跟城市文明对永恒、效率这些关于时间的认知很不一样，它其实是在对抗那种价值，传递的是一种短暂而璀璨的，又在环境里随遇而安的感觉。

Q：你这两年做了很多艺术装置项目，对你来说，艺术家和建筑师这两个身份有什么不同？

A：我觉得挺像的，但建筑更复杂。艺术比较个人化，就算我不喜欢它，我都允许它存在。但建筑必须要达到共识，尤其是城市里的公共建筑，大家都觉得它是自己的，所以都要发表意见。而且，建筑花的钱多、建造时间长，还有各种技术限制。

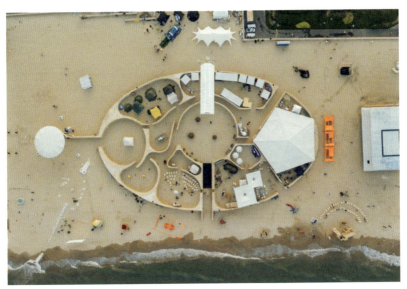

候鸟沙城，2023（摄影：阿那亚戏剧节）

但是它们也有共同点，都是关于个人的感受和思考的。可能大家以前觉得建筑和艺术应该分开，建筑就是功能性的，不用上升到情感和思考，觉得它们是两回事儿。但其实我觉得是一回事儿，建筑不能没有美感。不管建筑师还是艺术家，都会在作品中融入自己的价值观，并且二者都是幕后工作者。大部分人不知道这个建筑的设计师是谁，而是先看到他的作品，进入他设计的空间里。我喜欢这种在幕后观察别人跟你的作品发生互动的感觉，这是我找到的一个跟世界对话的方式。

181

好的公共空间，能让人产生新的思考

Q：什么是好的公共空间？中国现在缺少什么样的公共空间？

A：我觉得公共空间的好坏，就在于它能让人产生多少思考。如果建筑空间只是功能很好、很舒服，就会让人退化，因为舒服了就不会思考。这不是好的空间。还有一种观点认为，公共空间就是完全开放，欢迎所有人来，但我觉得这不应该是绝对的标准。以前太缺少公共空间了，大家想做什么都没地方去，有个地方就已经很好了。但如果大家都挤在一个地方干一样的事，我觉得这也没什么意义。所以，一个空间如果有艺术性，甚至有点奇怪，有点超现实，能让人思考，让人好奇，这就是一个比较成功的公共空间。

中国古典意境里常常有一个亭子，里面站着一个人，观众看到这个图景就能立即进入那个境界。但是那个亭子里就得是那一个人，不能挤好几百人。这个亭子绝对是一个很好的公共空间，只是它不以容纳很多人为目标，现在就缺少这类建筑或装置。

Q：建筑师应该以怎样的姿态参与公共事件的讨论？

A：建筑师改变或者介入社会的方式，就是他做的设计，其出发点是建立在对现实的批判上，比如，他觉得未来的社会或者城市生活应该是什么样的，把对现实问题的关注通过具体的工作表达出来。

我之前在北京做过公租房项目。很多人都认为我们是要做大地标，一个

百子湾公租房，2019（摄影：存在建筑）

城市只有一个的那种项目，但其实公租房恰恰是受限制最多、非常困难的项目。我们做了很多调查和研究，建成以后也做了很多研讨，很多行业内的领导、大学学校内部人员，还有业内媒体都在讨论关于住宅和社会保障的事情。这个话题逐渐变成一个社会性的议题了，谁都可以参与进来，这就是由一个具体的建筑引发的社会讨论。对我自己来说，看到年轻建筑师和学生的想法和思考也很重要。

Q：你做过很多地标建筑，你觉得地标建筑在整座城市中的角色，除了奠定大家对它的第一印象以外，还有别的含义或者价值吗？

A：我觉得可以先聊一下地标的定义。地标应该是超越视觉的，它是一个人对这座城市印象最深刻的点，所以，这种记忆肯定是多元的。如果是老建筑，如故宫，它的历史文化已经摆在那里了。但如果是新建筑，我觉得它应该给城市带来一些新的理念，比如，国家大剧院就是从传统中跳脱出来的那种建筑。它的四周都是花园，要先经过湖水、树林，再从地下慢慢进入建筑内部，最后在一个穹顶之下，和其他艺术爱好者聚集在一起，有一种独特的场所感。

当时，在制订国家大剧院设计方案的时候，很多人都反对说这个建筑跟周边环境格格不入。但我觉得如果没有定下这个方案，而是定了一个跟环境协调的方案的话，那就不对了。因为这是中华人民共和国成立后的第一个国际建筑竞赛，肯定不能太保守，要在兼顾市民性的同时有面向未来的开放性，这种地标就是正面的。哪怕现在还有人对它的视觉效果有异议，我觉得都不重要了，它已经在文化历史、对未来的看法，或者说在我们跟城市的关系这些层面上实现了突破。这就是我对地标的理解，不能只从视觉上是否突兀、怪异去判断。地标肯定要在很多方面革新，它在城市文化方面一定是一个很进步的东西。

不被接受是一件很厉害的事儿

Q：现在你每天会工作几个小时？

A：基本一直都在工作，没有跟工作彻底分开的时间，我估计好多建筑师都没有。现在大部分时间是在沟通交流，如开会、汇报、媒体采访。出差的时间也特别多，因为每一个项目都需要去现场、见业主，熟悉当地的文化、住户。在建造的过程中也要不停地去现场，每个项目都得经历各种"打架"。我感叹过，建筑师到老了都是重复这个流程，或许你的思想会更成熟，但是你不可能不去现场。所以，我经常满世界跑，工作和生活就是混在一起的。这样也有好处，就是出去可以见到新的人、经历不同的文化，这其实也符合工作的需要，因为建筑最终是关于不同人的生活的。

Q：你刚毕业的那段时间，两年间参加一百多场竞赛，才有了梦露大厦的中标。在梦露大厦之前，那段高强度参加竞赛的时间是怎么坚持下去的？

A：我们那时候没有绝望，反而觉得这个过程很牛。因为我觉得当时的市场环境很"傻"，所以不被接受是一件很厉害的事儿（笑）。就像那些喜欢摇滚的人，他们认为"主流是一个体系，而我肯定跟他不一样"。所以，要是他们都接受我了，那我是不是有点问题？其实，那时候好多建筑师都是很朋克甚至英雄式的人物，像我的老师扎哈，她年轻的时候也没被接受，建不成房子。

当时，年轻人很崇拜这样先锋的人。我刚从学校出来，也觉得这种先锋的、

185

有批判性的东西很帅，所以当时做的很多作品都不是为了中标，就是以批判或者表达自我为目的的。因为我的观点跟你们不一样，你们都想那样，但我觉得那样不好，我就要这样——以这个为出发点的话，就不会觉得这个阶段漫长了。

Q：为什么你的反叛能带来如此强的创造力？

A：就像我刚说的，因为我已经做好持续不被接受的准备，所以，当有少部分人接受我的时候，就会给我更大的力量。我后来回想起历史上那些朋克的、理想主义的设计师、建筑师或文化人，其实都有一个团体在互相鼓励和支持，大家还是需要有这样的环境的。

然后就是目标感。如果目标在眼前的话，会很容易有挫折感，因为当你一心想赢得这个比赛的时候，输了就会受不了。但我那时候是希望能为自己发声，只要跟别人不一样，有独立的想法就够了。在做卢卡斯叙事艺术博物馆的时候，我就想，我怎么可能赢呢？因为当时很多有名的建筑师来参赛，从各种角度来说，他们都不会选我。于是，我转念一想，如果我输了以后，这个作品能比赢的作品有更多讨论空间，让人觉得有启发，那就够了。当然，后来赢了我也很高兴，但重要的是我自己感兴趣的东西和对这个目标的表达。得了奖是好事，被批评了也不是坏事，这都是过程，而不是目的。

东成四合院幼儿园 2019

中路琢磨｜Takuma Nakazi

塞德里克·基弗｜Cedric Kiefer

罗尔·沃特斯｜Roel Wouters

乔纳斯·维特曼｜Jonas Wietelmann

布兰卡·瓦蒂维亚｜Blanca Valdivia

阿玛塔·卢帕本｜Amata Luphaiboon

Future City

未来城市提案者

在人工智能突破预期的迅猛发展下，那些只存在于科幻片中的未来世界仿佛只差一步就跃进现实了。

数字技术究竟会怎样改变人们的生活？未来城市又会被浇铸成什么模样？在这个板块中，我们呈上了创意者的回答。其中，有用数字艺术创意激活城市的艺术家，有提倡纳入性别视角的城市规划师，有为商业空间大刀阔斧腾挪出公共场域的建筑师。他们的回答共同编织成了一套生存法则，让城市生活与技术奇妙共存。

未来城市不一定是秩序、高效、冷漠的，这些提案者不约而同地展现出把属于人类的喜怒哀乐、混沌烟火气请回城市空间的温情。

中路琢磨 ｜ **Ｔａｋｕｍａ　Ｎａｋａｚｉ**

WOW 工作室艺术总监

新媒体艺术团队 WOW，是一家办公地点分布在东京、仙台、伦敦和旧金山的视觉设计工作室，业务范围包含 UI、艺术装置、影像、空间设计等。工作室创立二十多年以来，服务过奥斯卡、奥迪、索尼、资生堂等国际知名组织和品牌，还与 Lady Gaga、SMAP 等明星的团队合作过，多次获得 iF 设计奖、戛纳狮子国际创意节、日本优良设计奖等国际性大奖。

Takuma Nakazi

"

强行抢夺注意力，

是一件太暴力的事，

应该自然地渗入人们的日常生活。

"

一个案例了解中路琢磨

Fluctuation landscape（2021）

该户外装置位于上海大型购物中心万象城，由 WOW 负责策划、指导和制作。这个装置由 20 面高
达 2.3 米的玻璃和 LED 屏幕组成。画面随着艺术家基于自然现象的创作以及上海的夜景不断变幻，
同时经过玻璃的反复反射，观众在不同时间、不同位置上会看到不同的风景。

在屏幕过溢的当下，
寻找一种商业与艺术的新解法

一块屏幕能做什么？

能穿过密密麻麻的集成电路，将全世界正在流传的新闻变成字符编码，不容拒绝地夺走你的注意力。

几百块屏幕能做什么？

能将漫天星光和正在迁徙的野生动物带到你面前，耳边是草原上的风声，脚下是绵延的仿真草皮，仿佛你已经离开了"钢筋森林"，置身于坦桑尼亚大草原。

前者强势且普适，后者则是由集体的智慧和创造力塑造的作品，常被称为"新媒体艺术"。

人们在享受新媒体艺术带来的沉浸式快感时也会产生迷思：它与商业电视广告（TVC）或电影大片中出现的特效是否同根同源？如何界定商业和艺术？这种艺术的发生是否只存在于特定的空间、付费的场所，只是少数人看热闹的狂欢？这些的确是当下非常值得探讨的问题。

WOW 工作室认为，工作的核心价值是在已知的事物中发现全新的视角，激发人们的思维，丰富日常生活。在此次对话中，我们试图抛弃对新媒体艺术的神化或成见，向其艺术总监中路琢磨请教他们在实际工作中常用的工作理念及工作方法，以及一个新媒体艺术品牌如何在屏幕过溢的当下帮助观众识别信息，将城市空间激活成一个充满想象力的场域。

"祛魅"艺术，前置商业传道者的角色

实际上，这其中涉及的第一个问题就是：新媒体艺术家如何进行品牌定位，或者说如何认识自己的工作。无独有偶，英国最权威的当代艺术杂志《艺术评论》（*Art Review*）曾在 2022 年 7 月的封面文章中，为"未来艺术家"提供了一个判断：未来的艺术家将集合社会运动家（Activist）、商业传道者（Corporate Guru）和社交达人（Networker）于一体。他们将成为社会和经济力量的有机组成部分，帮助塑造任何可能的新的"后疫情"世界，而不是处于一种遗世独立的状态。

也就是说，未来，在一个健康的市场环境下，艺术与商业品牌之间不再有一道"柏林墙"，比起曲高和寡，艺术的形态更像是见缝插针、润物无声。中路琢磨也表达了相似的理念——既往在定义"新媒体艺术"时，常将其表征为一种涵盖计算机动画、数字艺术、3D 打印等新媒体技术，进行艺术品创作的流派。但 WOW 反对用数字化、沉浸式等概念谄媚市场，或强调"艺术家"

的身份，而是将商业活力、社交需求与艺术创作纳入同一层级，正视并刻意保留三者的暧昧关系。

中路琢磨认为，几乎所有人因一件东西而感到惊艳或雀跃时，都会发出"Wow"的感叹。这就构成了 WOW 业务的起点和对自身产品的期许：可识别的、多场景的、全球性的。

为了达成这一愿景，WOW 根据实际的业务需求，将团队分为 CG 相关的视觉设计（包含图形合成）、研究与开发业务以及 UI 设计三大结构。项目执行时，WOW 会以视觉为核心进行组队搭配，延伸到平面、空间、装置、艺术品等多个设计范畴。

如今的 WOW，拥有动画设计或互动装置层面最前沿的技术，也招揽了浅井宣通（Nobumichi Asai）等如今日本创作活力最强的新媒体艺术家。但这并不代表 WOW 在组建团队时就已经有了一套极其严苛的人力资源配置方案，相反，很多人并不是抱着要成为艺术家的想法，或想从事新媒体行业才进来的。

> "大部分人在一开始，最主动、最明确的驱动力是想'做设计'，是一种设计思维。以这种心境去展开工作，艺术和商业的界限就变得不那么明晰，二者之间就像有一颗珠子一样左右摇摆。比如，在接洽商业项目时，创作者可能会在合作过程中产生灵感，而这一灵感的实现需要提升自身的技术及团队的技术，这就会倒逼创作者不再只关注于设计（或艺术创作）。"

这些有迹可循又自然发生的环节，使得 WOW 看似叛逆的品牌气质得以体现。不自称"艺术家"，也无意于"造星"，而是用以团队冠名的具体的作品探索与广泛商业场景的适配性，这便是 WOW 与其他新媒体艺术团队相比最突出的区别。

重构屏幕，从过载信息中解放观众

WOW 拒绝被界定为某一类载体的附加品，因此，它的设计随处可见：十字街道上空的巨幕广告、流媒体推送、身边的某个装置，甚至行车记录仪——这便是 WOW 企图深度参与现代生活叙事的方式。

由此涉及第二个问题：将新媒体艺术融入商业场景是否只是品牌的"一厢情愿"？若往更深处追溯，我们的生活是否需要被这些屏幕填满？如果无法逆风而行，那么范围和尺度在哪里？

要得出一个非此即彼的答案是非常危险的，特别是对于 WOW 这样的视觉团队来说，若无"屏幕"这一载体，他们的工作便难以成立。因此，写在计划书第一行的任务，应该是重新审视当下的媒介环境，以冷静、批判的态度去思考自身的角色。而中路琢磨坦言，屏幕是一个中性产物，但"人们受困于屏幕"这一现状将倒逼他们去深挖内容的生命力："在日常生活中，我们眼前到处都是屏幕：用电脑工作时看的是屏幕，回到家看电视看的也是屏幕，休闲时玩电脑或手机还是看屏幕；走在大街小巷，抬头低头都会看见巨大的广告屏幕；就连坐在出租车上，后座也会配一个屏幕。我们日复一日地被屏幕、被视频化的内容包围着，其实是非常辛苦的一个状态。"

> "因此，我的工作是，让有价值的信息从这些信息中浮出水面，再通过艺术的、视频的手段去展现它。实际上，这是一种'no word'（无言，噤声），是清空了文本的方式。所以，我们总是在尝试打破屏幕、打破视频、打破信息，让观看者自行去感受、去建构。"

中路琢磨 2021 年带领 WOW 团队完成的作品 *Fluctuation landscape* 就是一个很好的例子。它是 WOW 第一个落地中国的作品，位于上海的超大型购物中心万象城的室外广场。这个项目是一个典型的"屏幕"，而且是高约 40 米、宽 10 米的大型数字化装置，但人与之相对，却完全不会产生压迫感。

这一装置位于广场上的水幕之前，其内容也与水互文。WOW 将天光流云、落霞晚照等自然景色，以及上海灯火通明的夜景放入其中，尽管颜色丰富，变幻万千，但每一帧的视觉和速度都控制在了一个相对平和的范畴，不会带来一种剧烈的拉扯感，反而添了一层静水流深、参差披拂的意趣。同时，因为光的魔法，当人站在装置面前或透过商铺的透明玻璃观看，居左、居右或俯仰变换，都会使成像发生改变，因此，观赏者需要移步换景，才能"偶遇"相同的景色——这一审美体验如同直面不断变化的自然风景一样，会削弱人们"正在面对一个屏幕"的感官体验。没有字幕、剧情或强提示，所有的声

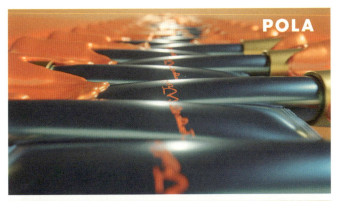

上海万象城的装置作品 *Fluctuation landscape*，2021

画都是非线性、非纪实、非叙事的设计，既诠释了中路琢磨"no word"的理念，又将阐释权交给了观众，形成了一种平等、和谐的交流。

削弱表达的欲望，用化整为零的方式处理信息，甚至将观众的理解作为作品创作和叙事的一部分，这便是 WOW 面对当下铺天盖地的"屏幕监狱"，给出的一把钥匙。

激活城市，成为想象力生发的场域

但很遗憾的是，对于当下的新媒体艺术市场来说，"好看"依旧是第一吸引力。中路琢磨虽然惋惜，但并不否认这一现实，同时也认为这是新媒体艺术天生的局限性以及不可避免的"生长痛"：无法展现它多维度的魅力点，无法深刻地触及普通人。于是，这就构成了最后一个问题：品牌如何通过实践，潜移默化地对普通人进行美感教育？什么样的场域，才能真正解放人们的想象力？

最早将控制论、电信学创造性应用于艺术创作之中的先驱罗伊·阿斯科特（Roy Ascott）认为，了解新媒体艺术创作需要经过五个阶段：联结、融入、互动、转化、出现。而艺术家所期许的"出现"，不仅是一种完整的互动状态，更是一种由全新互动关系而形成的思维和经验。有了这种思维和经验，或者说是接受与对抗，才能进一步解放人们的想象力，开启叙事的新篇章。

只通过一个作品、一次体验或一次点对点的感受就影响人的一生，这显然是不切实际的。中路先生认为，不论大型零售空间还是线上的信息间隙，只有当新媒体艺术被合理地、自然地配置在人们习以为常的空间中，才会帮助人们拿回信息的主动权。

什么是"自然"，什么是"非自然"？中路琢磨用一些刷屏社交网络、依附于新媒体艺术的现象级沉浸式展览举例，甚至用上了"暴れ的"（暴力，超出界限的强势）这一在日语语境中较为严重的词："就像 teamLab 这样的艺术展览，应用影像和技术去组成了一系列作品，精彩夺目。它的耀眼夺目之感一方面得益于很多装置是自发光体，另一方面得益于大屏幕的广泛应用，但这两方面的应用都出于同一个目的——提供巨大的信息量。（如果将其变为日常的话）会是一件非常暴力的事，它强硬地给观众灌输了太多的信息。而我更喜爱的方式，是将这些艺术和技术形式自然地融合在一个装置、一个空间之中，并使之契合，而非用一种突兀、强硬的态度提醒观众去听、去看、去习得。"

除了像 Fluctuation landscape 一样，将自然现象作为创作内容之外，WOW 还尝试通过"做减法"缩短人们与新媒体艺术的距离。WOW 在2016 年与资生堂旗下的红妍肌活精华露（更为国内消费者所知的名字为"红腰子"）合作的项目 wind form シリーズ中，就试图打破人们对新媒体艺术强科技感的刻板印象。这一作品运用了 30 台循环器，通过控制机器的风力，打造出了一个飘浮于整个空间之上的"布料动画"（布のアニメーション）。这些飘逸、轻柔的红色布料，既不生硬也毫无卖弄地强调着红腰子的主视觉，同时让观众看到了一种新的可能性：没有堆砌大量声画特效，甚至看不见屏幕，但依然能体验到一种沉浸式场景感。相比于艺术行业的自说自话或商业品牌的营销话术，以如此流畅、自然的方式带领普通人一同去探寻媒介与空间的关系，更有利于想象力的生发。

除了以这种润物细无声的方式，将观众从隔岸观火的旁观者变为共创者之外，中路琢磨还认为，一个能够生发想象力的综合空间离不开健康运转的生产体系。要打造一个创意城市，首先需要纳入一个务实的、与未来生活方式相匹配的考量因素，即保障充足的艺术家、设计师、建筑师、程序员及各种数字化人才。在明晰的分工合作体系之下，人们接触到的产品及生活的日常环境才能具有美感和生命力。而普通人在接收到这些自由的信息之后，又会结合自身知识结构加以理解，再重新灌注到自身，让想象力越走越远。

也许在屏幕过溢的当下，再试图去抢夺注意力不再是明智之举。过载的信息量，只能在短期成为一种现象，并不利于引领普通大众生发想象。而 WOW 之所以能在坚持艺术创作理念的同时，赢得大量品牌的青睐，除了尊重且正视当下大众对美感环境蒙昧又渴望的需求，更可贵的是在探索"未来艺术家"这一综合性角色的路上勇敢一跃。

为资生堂红妍肌活精华露打造的作品 *wind form シリーズ*，2016

塞德里克·基弗 | Cedric Kiefer

onformative 工作室创始人、创意总监

onformative 是一家总部位于柏林的数字艺术工作室，致力于在兼顾感性与美感的基础上，不断挑战艺术与技术的界限，并始终将人类视角置于作品的核心，同时基于不断发展的技术趋势进行跨学科实验，为多领域的国际品牌提供整合服务方案，包括 IBM、谷歌、耐克、OPPO、腾讯和三星等。作品包括互动媒体装置、数字艺术、动态视觉等多种形式，曾获 D&AD、克里奥国际广告奖、Lumen Prize 等多项国际奖项。

Cedric Kiefer

"

我们不应该满足于

简单地在电脑中输入几行字获得结果，

而是要突破现有技术瓶颈，

再去开发新的技术，

不破不立。

"

一个案例了解塞德里克·基弗

CX- 上海

该数字艺术装置坐落于上海 TX 淮海商场。它会在数据驱动的基础上，将实时的城市数据转变成具有不同颜色和灯光的城市形状，从白天逐渐向夜晚过渡，以优美的数字艺术语言，反映上海的时间变化和独特的城市节奏。这一作品从非传统的角度探究了自然和城市空间之间的相互影响，同时反映了城市生活中不同时段的人、事、物之间的复杂性和对比度。

在城市的科技叙事中，写一个感性的注脚

作为一家从事数字艺术的设计工作室，当面对人们"你们在做什么工作"的提问时，onformative 通常只回答这样一句话："我们采用来自周围世界的灵感创造充满情感的数字艺术。"（Guided by an emotional approach, we constantly search for new forms of creative expression.）

如果你觉得听上去有些晦涩，可以先了解一下他们在创作作品《河流蜿蜒》（Meandering River）时的逻辑。该项目创作于 2016 年，是一个艺术装置和人工智能生成音乐的装置。在描述"河流"这一对象时，他们没有单纯地模拟"水"，而是模拟"流动"。onformative 认为，河水流动是我们日常生活中经常看到的场景，要诚实地展示这种视觉化的日常状态，就要展示河流的流水量、水压和水温。

于是，他们研究了地形图，置入了很多卫星图像，同时开发了专门的算法，模拟河流在不同地形、不同景观下会形成的审美效果，以此塑造一条充满生命力、不停奔腾的"河流"。此外，他们还介入了一个有趣的人机实验：让五位钢琴师按照自己的习惯，弹奏不同的钢琴，再把琴声录制为数据并输入一个帮助创作音乐的人工智能机器人中，让机器人进行二次创作。用声音补足剩下的想象，让观看者能在有限的空间里，意识到眼前这条"河流"有多

《河流蜿蜒》，2016

长、动力有多大、最终将会汇入哪里。

如同《河流蜿蜒》一样，在制作任何一个项目时，他们最不愿意做的事情就是"炫技"，也不愿显露刻板印象里"程序员"严谨而标准的那一面，而是要让人们在面对科技时，调动起自己的"感性"。

基于这一观念创立了 onformative 的塞德里克·基弗，同样是一位令人印象深刻的艺术家和设计师，他以清晰的思考方式和对电子艺术与设计领域的深刻理解而著称。他凭借在艺术与商业之间取得平衡的能力，创作独特的作品，同时满足客户的需求。Cedric 对电子技术、人工智能等新科技都抱有相当积极的态度，但同时又是不会在社交媒体上分享私人生活的"保守派"，这种泾渭分明的专业态度透露着他清晰的思路和明确的目标。在采访中，他提到的"边做边学"也为那些永远在准备的"拖延症患者"敲响了警钟——毕竟，未来已经不可抵挡地来了，我们需要用自己的方式行动起来。

"我们做的事情处于艺术和商业之间"

Q：与传统的现代艺术相比较，如绘画、雕塑、装置艺术，你认为编码艺术在艺术表达上有什么不同？

A：这是一个非常有趣的问题。我认为当我们谈论代码时，必须区分代码和人工智能，就好像在我的作品中，经常谈论的我们是如何做到的以及我们为什么要这样做。很多时候，创作过程本身就是作品，尤其当我们谈论艺术而不是设计时，故事和意图也是很重要的。设计可能需要服务于特定的目的，而艺术则不需要。艺术需要提出问题，这就是为什么背后的过程和意图如此重要。

Q：那么，你觉得自己在做的是设计还是艺术？

A：我们两者都做。有些人专注于设计，有的人专注艺术，我认为这是常见的想法。比如，艺术家会说"我是做艺术的，不想接受委托或商业项目，因为我不想让任何人干扰我的创作"，而那些从事商业工作的设计师，则会对更赚钱的项目感兴趣。

我认为我们做的事情处于两者中间。我喜欢做一些纯粹的设计工作，但不觉得与品牌合作创作艺术品或与科技公司合作是一件坏事。我相信跨界合作同样也可以完成一些了不起的作品，因为资助者会提供设计资金。尤其是如果你想使用最前沿的技术，如人工智能，就必须要和那些科技公司合作。这也是为什么虽然我们的作品充满艺术性，但是我会更倾向于把我们形容成设计师，而不是艺术家。

Q：那你通常会如何平衡艺术表达和品牌的商业要求？

A：我认为这取决于项目。"现在是开始做一个新项目的时机吗？"在自主创作之前，我们通常会这样问自己，然后试图用行为去回答这个问题。结果一般都是不确定的。比如，在创作《河流蜿蜒》这个作品时，一开始，我们并没有那么明确的想法：做一个创意 TVC、一个实体雕塑，还是一些互动性更强的东西。这个过程非常有趣，因为很自由。

但如果是一个商业项目，情况就不同了。大多数情况下，资助者会带着一个非常具体的任务来找我们。他们有自己的期望和具体结果，这就是你不能完全天马行空的原因。比如，一位客户要求我们将品牌和电子艺术联系起来，那你就不能把一个雕塑放在前面，但是你在过程中所做的事情以及解释论证的方式是自由的。当然，因为我的角色是设计师，所以我需要为客户解决特定的问题，这就是为什么我们认为这是一种合作和伙伴关系。

Q：能否举一个具体的例子？

A：与三星的合作就是一个很好的例子，这个项目横跨了很多不同的领域。三星公司的技术很好，他们开发出超高分辨率的屏幕和速度超快的传感器，但是他们不太清楚要如何展示这一点，于是，他们找到了我们。

我们首先问的是：除了作为电视，这些屏幕还可以做什么？之后，我们和品牌方共同提出了用它作为数字艺术屏幕的想法。我们考虑了如何在平台上进行随机的内容生成，甚至后续可以围绕这些内容建立新的商业模式。但现在每一个厂商的技术都非常强，差距微乎其微，所以，我们判断内容会是下一个制胜点。

Q：你的商业思维和你的教育背景有关吗？

A：我之前是学平面设计的，但是我的教育背景和现在的工作关系不大。学校给了我很多自由的时间和灵活性，让我去探索不同的路线。但是我现在使用的大部分知识，实际上是在业余时间学到的。

我在学校里学过一些印刷和排版的课程，但对它们完全不感兴趣，所以开始兼职写代码。在学校的时候，如果作业是做一张海报，其他同学会选择影印或者画画，而我会开始思考，如何通过编码来解决这个问题。基于此，我花了很多时间自学编程，并且开始边做边学。

我和我的合作者朱莉娅学的都是设计，没有商业背景，但是我们在十五年内慢慢学会了如何做生意。我认为，尤其是在今天，如果想要找到志同道合的人，你需要大胆推销你的想法。

重要的是"谁是做决定的那个人"

Q：你们如何看待人在电子艺术中扮演的角色，人的重要性是否被削弱了？

A：虽然我使用了代码这种电子形式，但是我认为作品仍然是现实的一部分。比如，机器学习生成的音乐、诗歌很有可能会出现在舞台上或者音乐厅里，那么它就可能再变成现实。也许电子系统会生成无数个作品，但是问题会回到"谁是做决定的那个人"，所以人还是占主导的那个角色。

Q：你是如何让代码制作的艺术品具备人类的情感的？

A：我们总是试图以不同方式让艺术品与人们建立联系。比如，我有一个名叫"声音"的项目，就是利用机器学习来记录舞者的身体对声音的反应，其中包括对情绪的记录。在实际的展示中，我们也会保留这个机器学习、输出信息的过程。人参与其中，角色不可代替，自然地就有了所谓的人类情感。

Q：和传统艺术相比，你认为存在"只有科技艺术才能做出来的东西"吗？
A：我认为有一件事对传统艺术来说是根本不可能的，就是艺术的独特性，而这对于当下来说是非常重要的。在传统的艺术里，形式太固定了，不同的人在创作时只会有品味的差别，并不能说这个艺术完全是你的独创，能够代表你。而数字艺术，或基于代码的艺术，实际上可以做到这一点，因为从理论上讲，你可以创造出某种只为你而存在的东西。

Q：你认为视觉交互未来两年的趋势是什么？
A：个性化，创造一些独特的东西。我认为想要脱颖而出，这种定制将变得越来越重要，尤其在软件方面，我们要在模拟世界中呈现自己。

Q：传统艺术有一套评价标准，你认为编码艺术有这样的评价标准吗？
A：是什么让你喜欢艺术，这是一种情绪反应。我的意思是，它连接了什么？它能打动你吗？它会引起什么反应吗？我认为这对于数字艺术或其他共同创作的艺术来说也是一样的。当然，你也可以根据文艺技巧来评价艺术作品，但是艺术品所拥有的情感可以唤醒你的记忆，可以让你按照自己的文化背景去拥有自己的理解。

Q：你玩电子游戏吗？你会在社交媒体上分享自己的生活吗？

A：我在年轻的时候打游戏是专业级别的，在2000年的时候还参加过电子竞技比赛，拿过一大笔奖金（笑）。但是我现在几乎每天都在写代码，没有打游戏的时间了。我觉得很多游戏的场景颇具艺术性，而且都有相当完整的故事情节，这和每隔三十秒就让你看广告的手机游戏完全是两码事。如果有时间的话，我很愿意坐下来花一周的时间玩游戏。

但我在社交媒体上只会分享跟工作有关的内容，比如，我参加的会议、我做的艺术项目等，或者转发一些我觉得有趣的内容。但是我从来不发任何私人的东西，甚至连评论都没有。

Q：最后，可以告诉我们，你惧怕人工智能吗？

A：这个问题很难回答。有的时候，我觉得人工智能有点可怕，它的效果太好了，我不禁思考：做得这么好意味着什么？当你用人工智能生成图片时，可以得到上千个结果，很可能每一个都做得很完美，但对于我来说，看多了完美的东西会觉得有点闷，这就是我们面对人工智能时非常复杂的感情。

每当我谈论这个话题时都会想到一个历史性的时刻，就是阿尔法狗和世界著名围棋棋手李世石的比赛。我看过那个纪录片，人类选手一开始在面对人工智能的时候非常有信心，他觉得他这么厉害的世界冠军肯定会胜过电脑。但是进入比赛后期，李世石脸上出现了绝望的表情，他意识到自己没办法赢了。是的，他赢不过电脑，那真是一个绝望的时刻。但是比赛结束以后，他这样告诉大众：我输了这场比赛，并且我可能再也不会赢过人工智能了，但是我作为人类仍然可以不断提升，可以做更好的自己——这也是我们去看待人工智能的方式。

现在我们正面对充满无限可能的未来，科技发展得如此之快，我们不应该满足于简单地在电脑中输入几行字获得结果，而是要突破现有技术瓶颈，再去开发新的技术，不破不立。

CX- 上海，2021

罗尔·沃特斯 | Roel Wouters

Moniker 工作室联合创始人

Moniker 是一家荷兰的交互设计和媒体设计工作室，致力于打破人机界限、激发公众参与艺术实践，为苹果、谷歌等国际品牌，阿姆斯特丹市立博物馆、沃克艺术中心等全球文化机构提供服务，获得过英国音乐录影带奖、荷兰设计奖等多项国际奖项。

Roel Wouters

"

提前设定信息，

很像是要'卖什么东西'，

但我不是很享受'卖东西'。

"

一个案例了解罗尔·沃特斯

Touch for Luck

被应用于亚洲首个当代视觉文化博物馆 M+ 博物馆屏幕的户外艺术装置"摸鱼行大运"（Touch for Luck），旨在通过游戏将你吸引到屏幕前，只要你触摸屏幕，就会出现一条游动的鱼，触摸屏幕越久，就越有可能获得终极幸运（ultimate luck）。该项目试图带公众反思"触屏成瘾"是如何形成的。

让职业的下半场走向"制造摩擦"

日本作家星新一，曾写过一个经典的科幻故事《喂——出来》：有一天，城市里出现了一个无底洞，似乎永远填不满，无论怎么往里呼喊都没有回声。借由它强大的吸收力，城市中那些污秽、棘手与无序都得以隐藏，人们心安理得地过上了便利的生活。这样的日子持续了很多年，直到某一天，天空中传来了当年那声"喂"的回响，于是，美丽而坚固的一切似乎开始松动了。

这是个令人惊悚的隐喻。但短暂的紧张之后，我们又会渐渐放松，心甘情愿地在智能、未来、机器人这些迷人的字眼里变懒，重新回归到这个戳戳手机就能马上喝到原产于国外的果汁的时代里享受生活。但是对于罗尔·沃特斯来说，一旦意识到这个旋涡就在眼前，就会忍不住跳进去。

> "优步会让出行议价变得过时，谷歌地图使较短路程的讨论变得多余，送货上门的服务消除了我们去商店跟店员进行互动的必要性。这些听起来好像都能帮助我们改善生活，但是也从我们的生活中把跟人类互动的因素剔除了，通过消除摩擦，人跟人之间的接触正在丧失。"

二十年前，罗尔·沃特斯和好友，后来的合伙人 Luna Maurer，以把自己的脸变成电脑桌面的图标为契机，开始了离奇的数字冒险。二十年后，他依

222

然在尝试那些关于"人与技术如何相处"的实验，不同的是，他离开了这个拥有十余位可靠成员、在国际上颇有声量的工作室 Moniker。因为在他看来，他接下来要做的事情，不再是和同行们一样"帮助人们消除设计中的摩擦"，而是要"在数码产品中设计摩擦"。

技术摩擦是为了恢复人与人之间的连接

Q：你在 2008 年提出的"设计摩擦"具体内容是什么？

A：当时互联网开始流行，这个趋势为设计带来了新的规则，但我们认为设计师也可以参与规则的制定，所以提供了一个比赛场地，给了设计师决定权，让他们在一定的条件、框架、规则和系统中进行创作，这样可以在一定条件下影响设计的方向。

Q：能不能通过一件事，让我们了解什么是"设计摩擦"？

A：我和我的搭档曾经做了一个实验：在一个半小时内，一边画四条完全没有交叉、无止境的线，一边谈论爱情。在设计环境的时候，我们会自然地想要让自己遵守规则，遵守规则的本质就是限制自己，让自己处于不太舒适的环境里。这种限制的结果就是引发一些特定的情感或参与感，这种不舒适的情况就是我们所讲的需要摩擦的非常好的例子。

Q：过去你创作了很多互动艺术，但是现在转为"设计摩擦"，是什么导致

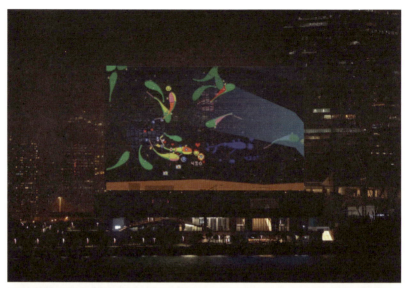

户外艺术装置"摸鱼行大运",2022

了这种变化？

A：因为我发现技术通常会消除人和人的互动。比如，现在人们更愿意网购，而不是去店里，这样你和店员之间的互动就没有了。我认为，当我们设计一些让人们生活更加顺畅的电子服务时，应该更加谨慎。比如，谷歌地图确实可以让你更方便地找到想去的地方，排除了问路和找路的"摩擦"，但是你由此可能和人产生的联系也没有了。

再比如，如果我和你依靠电子设备联系，我把话说给它听，然后你从它那里收集信息，那我们就不会有今天的会面和讨论了。作为设计师，我们要思考如果一切设计都不断追求这种"顺滑"，时间长了，人和人之间还会接触吗？我们会失去什么？所以我们要强调这种摩擦。

Q：你每天花多久在网络社交媒体上？

A：我花在网络社交媒体上的时间比我预想的要多。我会在网络社交媒体上分享一些有趣的图片和生活片段，可能这些图片并没有在讲一个完整的故事，我把它们放在一起，只是因为它们很浪漫，很有趣。实际上，我对待科技的态度是比较积极的。我也会打游戏，尤其是那些拥有精致细节的游戏，就好像是一场美妙的电影。

Q："设计摩擦"的目的是尽量不让人们使用电子设备吗？

A：不，这种说法太极端了，我们并非主张完全不让人使用手机，而是作为设计师，我们在设计这些东西的时候应该考虑到，如果电子设备让生活太过顺畅，会导致人和人之间失去联系的可能。

225

我是一个父亲，我发现很多家长和他们的孩子在一起的时候都离不开手机，为什么他们不能把手机换成一本书呢？有一次，我看到一个小孩在公园里面玩水，当他抬头看向自己的妈妈时，他的妈妈正在玩手机，这真是一个悲伤的画面。或者是在餐馆里，为了不让小孩子哭闹，父母会给他们玩手机或者平板电脑，而不是亲自跟他们交流，就好像家长没必要和孩子交流一样。这就是我说的，电子设备让人和人之间的摩擦消失的例子。

让摩擦回归到一种具体的环境中

Q：你的一些项目其实很接近行为艺术，比如在一个项目中，你和同伴把脸涂抹成了黄色的 emoji，这样的谈话有什么不同吗？在此过程中，你们聊了什么？

A：我们在谈话的过程中经历了很多情感的阶段，甚至还吵了一架。这个项目的重点不是我们之间的对话，更多的是关于做人的问题，不是直白、简单的表情符号，而是复杂的、有层次的人——会慢慢变老的人。从无缝的数字体验转向设计真正拥抱人类因素及其缺陷的数字产品，我们怎么做呢？目前还不知道，但是我们以后会做更多的思考。

Q：你之前做过一个"屏幕成瘾"的项目，研究过程中应该阅读了很多学术论文吧？你如何看待艺术家和科学家角度的不同？

A：是的，我读过，但是就像我们之前讨论的那样，我觉得科学家会去发现社会的某种规律，但是他们总是需要做很多实验来验证他们的猜想。但在漫长的研究后，其他人已经不那么关注这个问题了。而艺术家也拥有发现规律的"雷达"，并且可以直接通过艺术作品展示自己的感受，还可以让观众更快、更直观地感受到。

Q：你的很多作品都在讨论"人与技术的关系"，请问你会在作品中给出你预设的观点吗，如技术是更积极或更消极的？还是将它变成一个开放式问题，让观众从思考中寻找自己的答案？

A：提前设定信息很像是想要"卖什么东西"，但我不是很享受"卖东西"的感觉。我不喜欢定义，而喜欢一种诗意的、没有那么明确的信息，希望人们自己去寻找答案。

Q：听说你这次来深圳，专程去了华强北电子商城，你觉得那里怎么样？有没有收获什么创作灵感？

A：那里人真的很多，身处一个被那么多物品填满的空间，我的大脑甚至都有点儿宕机了（笑）。但是一想到那里就是电子部件的源头，从那里生产的零部件会销往世界各地，我又觉得这个地方在某个程度上来说非常神圣。那里的路无止无尽，让人迷失，但同时又是那么多电子设备的来源，我甚至有点觉得那里很像是生命之源的缩影。

还有一点，那里有太多东西可以选择了，反而变得没什么东西可选。就好像我下载了迈克尔·杰克逊的全部歌曲，但很难选择先听这个列表里的哪首歌曲。或者当你要从一千张照片里选一张发到网络社交媒体上时，就会不断地点击检查下一张，但是最终一张都选不出来。这些情况非常类似，让人绝望。

Q：你有偶像吗？

A：我很喜欢碧梨（Billie Eilish）。我的孩子们很喜欢她，我一开始是为了他们去了解碧梨的，但是听到她的歌声后，就被迷住了，这就好像是我灵魂深处自己的声音，我能够非常强烈地感受到她表达的东西，她的音乐给了我很多力量。

Q：最近有什么印象深刻的事情？

A：深圳"MINDPARK 创意大会"有一个小组讨论的环节，当我们在讨论城市规划的好处、可持续性、人类与人工智能之间的情感关系时，一只巨大的蜻蜓突然落在我面前的地板上，我不知道怎么办，但似乎对话停在这里就是最好的选择。于是，我轻轻地把它捡起来，走出会场，将它还给了天空。这个插曲对我来说，就像一首诗一样。

交互游戏，2020

交互装置"我内心的狼"（My Inner Wolf），2019

乔纳斯·维特曼 | Jonas Wietelmann

IMAGINE THE CITY 执行董事

IMAGINE THE CITY 是一个非政府组织，致力于将艺术视角融入城市发展，在文化发展和城市规划之间建立一种新模式，目标是以充满活力、公平和支持性的方式塑造城市的未来。乔纳斯·维特曼作为执行董事，负责战略发展和应对结构性挑战，他曾在德国大学任教，负责协调艺术和科学项目，最近关注的课题是从人文学科的角度研究人工智能。

Jonas Wietelmann

"

我们做事从来不是为了

'招募观众'。

冒犯？快乐？

任何感情都可以由你自行决定！

"

一个案例了解乔纳斯 · 维特曼

门（The Gate）

该项目是一个结合了平面、声音、装置的城市空间展览，以德国汉堡的经典口号"通往世界的门户"为灵感，邀请十六位国际艺术家用作品为城市重新标记不同的"门"，以艺术漫步的方式引导观众观赏作品，同时重新审视这座城市。展览中的五个主要区域"控制""Limbo""天堂""潜能""海外"连接了本地音频库，能从听觉层面为观众提供关于该地区的有趣事实和数字，进一步提升人们对城市空间的感知力和想象力。

遍地都是艺术的城市，
欢迎"不当艺术家"的人

搬出旧的房子，再度重回此地，住进新的房子——对于普通人而言，城市更新无非是这样一回事。但在这场"以旧换新"的过程中，一切又发生了颠覆式的改变，打散了原有的邻里亲族关系，重构了生产生活的发生场景，几乎强势地推翻了一个人存在的锚点。那么，如何让这些"新房子"找到它原本所不能及的意义，如何让更多人愿意搬进来，对于营造者来说是更困难的问题。

在欧盟自由贸易、大型集装箱船和边境安全增强的时代，一个以通航为主要营收方式的地区，德国汉堡自由港的 Grosser Grasbrook 面临着很大的危机。于是在 2001 年，它被纳入了城市更新规划，成为欧洲最人的内城改造项目——HafenCity。

HafenCity，字面意思是"汉堡的海港城，河畔之下"，但如今人们很少谈论它的交通功能或其历史包袱，而是聚焦于它作为一个现代城市的优美之处，比如，在整个德国都堪称地标性建筑，花费八亿欧元，形似"玻璃王冠"的顶级音乐厅 Elbphilharmonie，以及依水而建的宽阔公共空间里永远旺盛的文化活动。而负责让人们享受"新房子"，持续为城市注入生命力的，则是一个仅有四到十名工作人员的组织——"想象这座城市"（IMAGINE THE CITY）。

正如这个有趣的名字一样，作为 HafenCity 的文化运营方，他们在用艺术构想城市的时候有一个显著的特点：不是建立一个精英主义的门槛，强势地教育公众，而是润物细无声地渗入公众的生活，带来静水流深的正面影响。他们从不试图解释太多，也不喜欢从上到下地赋予意义，假如你打开官网想要追根溯源，很遗憾，这里也没有太多信息。"我们真的没有太多可说的，我们也希望你不用读太多书。我们试图尽量简洁地描述这是什么，让人们即便没有当代艺术背景也能快速理解它。"如何确保达到公众参与城市的效果？执行董事乔纳斯·维特曼开心一笑，告诉了我们一个简单又真诚的策略："Just do it！"

把城市变成一张游戏地图

"讲到城市发展的时候就会自然讲到城市规划，但是对于新的城市，我们要怎么样进行规划呢？这让我想到了'游戏'。不论儿童益智游戏还是'模拟人生'游戏，在玩游戏的时候，每个人都可以成为城市规划大师，城市中可以建消防站、警察局、商店等，可以有各种各样的功能。在 2017 年开始思考这个项目的时候，我们希望给这个项目增加更多的维度，让 HafenCity 变得更加具有吸引力。城市专家已经完成了'规划城市'这项任务，我们就要完成下一项任务，用艺术装置将当代艺术融入社区。这实际上是在帮助人们'规划'未知的部分，邂逅更多意料之外的美好。"

乔纳斯·维特曼曾在德国大学任教，负责协调艺术和科学项目，工作中需要考虑许多超越技术的问题。比如，在讨论人工智能时，不仅要讨论行业的趋势及应用，还要讨论社会如何应对它的发展；谈论它在第一世界的实现问题时，还要考虑它对第三世界的影响。这样的工作经历让他意识到，无论艺术还是技术都不能脱离一定的背景，它们关乎哲学、政治学、社会学等综合学科。因此，IMAGINE THE CITY 在工作中虽然重视"当代艺术"的力量，但通常使用举重若轻的方式去呈现，"城市情绪"就是它们关注的重点之一。

IMAGINE THE CITY 每年会做一个年度项目和很多小型项目，"公共表情"（Public Face）就是他们在 2018 年做的年度项目。项目的初衷很简单："想要知道我们的城市是怎么思考的，或这个城市有什么样的感受。"为了感知城市的情绪，他们用直径 7 米的钢板做成了一张简笔画的人脸，眼睛和嘴巴是用荧光管做成的，是可以移动的。这个人脸装置和公众场所的监控摄像头相互关联，通过摄像头收集生活在这个区域的人的表情，再经过算法处理，呈现出一张不断变化的"公共表情"。这样，个体不仅可以感知自己的情绪状态，也会感知到周围其他人的情绪状态，路过这里你就会知道："哦，今天大家都是一副惊讶 / 开心 / 平静的样子！"

即便是害羞、不敢主动打招呼的人，也能在此处与场域发生自然的互动。这个悬挂在社区中的巨大脸庞，不仅提升了城市的美感和趣味性，也成了一个新的地标，起到了增强居民向心力和凝聚游客的作用。

乔纳斯·维特曼说他们希望"情绪"是诚实的，并不会预设或好或坏的答案，

公共表情，2018—2020

因为最终目的是用艺术调动起人们参与城市的感性："一切情绪都可以。我们不是在招募观众，他可以根本不是为我们的艺术装置而来的，也可以完全不喜欢它。感到冒犯？感到快乐？任何感情都可以自行决定！事实上，我们的工作只是创造出一个条件，能够刺激人们产生一种情绪。如果有人觉得很好玩，带更多人参与进来，就自动扩大了受众群。我们的策略是希望通过引导人们了解当代艺术，进而疗愈人们。如果有人看穿了我的'目的'，不想抱着游戏的心态，反而功利性地参与进来，想要提升自己的艺术素养或智力，也是一件很好的事。这一点在我们的另一个项目'sunny sun'里面得到了论证。起初，我们是为老人而设计的，但后来越来越多的小孩和家长也加入其中，尽管初衷不同，但大家都享受到了被人包围着、一起创造的感觉。"

多样性和在地性是城市的一体两面

基于 HafenCity 的地理位置和城市定位，在地性和多样性是两个重要的命题。最直接的体现是，他们的项目中经常会冒出很多非德语单词。

乔纳斯·维特曼表示 IMAGINE THE CITY 非常欢迎来自世界各地的艺术家同他们合作，而被他称为"艺术家"的人，不一定是闻名遐迩的国际大师，而可能只是从汉堡的舞台设计和雕刻课堂上"抓"来的学生，甚至来自其他国家的艺术从业者。"我们努力把当地的问题与全国性的问题联系起来，很多时候我们都面临着同样的问题，对吧？"

当一个人身上渗透了不同的文化背景，独特的标记就会自然地在其作品中倾泻而出，人与人的叠加，便会构成多样化的艺术叙事。同理，"空间"也是一个重要的叙事载体。IMAGINE THE CITY 曾在一个 7 000 平方米的废弃仓库里做了一场音频实验：他们邀请十位曾在汉堡生活或是后来移居汉堡的音乐家、艺术家，各自创作一段音频，并在仓库外安装了 14 米 ×8 米的 LED 音频投影屏，当人们走进这间仓库，就能听到一段不期而遇的移民故事。而有趣的是，这个仓库从前就是汉堡在跟非洲进行贸易时，用以贮藏可可的货品仓库。个人的故事以及被遗忘的历史在八十分钟的音频里交会，穿过后来生活在这里的人的耳朵，形成一段新的回响。

多样性和在地性是城市的一体两面，它们的说话主体终归还是"人"，因此，在被问到如何保证项目达到预期效果的时候，乔纳斯·维特曼给出了一个很朴素的策略——和人们站在一起。

> "首先，我必须在那里，对吧？我需要尽可能地待在项目的现场，以便和人们交谈。这些故事很私人，但很吸引人。听完那些故事，那些迫于政治形势，从别的国家逃到汉堡的人的故事，你很难不想聊些什么吧？当你被触动以后，需要聊一聊时，我会是这个对象，我也需要聊一聊。我可以及时地从幕后人员的角度，解释我们为什么要这样做。面对面很好，很有必要，因为我们需要与他们的感觉产生共鸣，产生反馈。尽管需要很多时间，但这一定是值得的。"

> "我们的城市并不完美。比方说，HafenCity 的生活成本其实比较高，导

致这里也有一些不太友好的设计。但我相信，不一定人人都要成为真正的城市规划师，艺术也有改变事物的能力。虽然我是一个城市规划从业者，但并不是如别人想象的那样，到一个新的城市只去美术馆或博物馆。我也喜欢去喝一杯，到处走走，自然地了解当地文化。多样性并不难，我们不应该把任何人排除在外。"

如何生活（How to Live），2022

布兰卡·瓦蒂维亚 | Blanca Valdivia

Col·lectiu Punt 6 创始人、项目总监

Col·lectiu Punt 6 是一个由九名女性成员组成的合作组织，她们分别是来自不同地区的建筑师、社会学家和城市规划师，有超过十七年的实践经验，以西班牙为中心，与世界一百三十多个城市和城镇的不同公共行政部门合作了四百多个项目，包括性别影响报告、城市行动和参与等，始终致力于从女性主义角度重新思考家庭、社区和公共空间，促进社会多样性的发展。曾获巴塞罗那市议会的"Maria Aurèlia Capmany"奖和女性改造城市最佳实践奖。

Blanca Valdivia

"

我们女性可以自己决定

我们希望未来的城市是什么样的，

让社会更公平。

"

一个案例了解布兰卡·瓦蒂维亚

性别与女性主义视角的城市规划行动计划

(Action Plan for Urban Planning from a Gender and Feminist Perspective)

该项目旨在制订一项行动计划,将女性主义观点纳入与公共空间相关的总体规划文件,包括宜居性、安全感、妇女经济自主权、社区管理和流动网络等十条准则。根据指导方针,在城市的特定地区提出了十一项行动,以便具体地改善城市的居住环境。

用丈量城市的温度塑造一种女性主义

每个城市都有自己的城市服务分布规律，然而，当今大多数城市规划都是以男性为中心设计的。在这样的大环境中，布兰卡·瓦蒂维亚创立的Col·lectiu Punt 6 是西班牙乃至全世界都少有的一个全女子班底的合作组织，致力于从女性视角重塑城市空间，从日常生活着手创建女性友好的关爱型社会，用实际行动改变不平等的生活环境，促进当地女性主义变革。

"女性主义城市规划其实并不比一些传统的城市规划更昂贵或更复杂，关键是我们要做出改变……我们需要自己决定我们希望未来的城市是什么样的，去为城市做出努力，让社会更公平。"正如 Blanca 所言，是时候告别那些传统二元性别分工，仅以男性视角山发的不平等城市规划与设计了，未来的城市宜居性不能不考虑女性的需求。

从无到有的女性主义城市规划

Q：可以和我们分享一下你们团队的故事吗？为什么想成立一个女性建筑设计团队？

A：我们的团队创立于 2005 年，最开始有六名成员（现在有九名），我们年龄不同、出身不同，来自不同国家——三名来自西班牙，三名来自其他国家。我们最初做的项目很小，所有成员都是女性主义者，早在 2005 年左右，在西班牙没有什么人讨论城市规划领域中的女性主义议题，而这正是我们事业的起点。

除此之外，还要提到位于西班牙东北部的加泰罗尼亚的一部法律——邻里法（Neighborhood Law），这部法律是为了对有问题的社区进行干预，请社会学、城市规划等方面的专业人士参与进来，改善社区的设施、街道，在公共场所增加绿化等。

邻里法包含八项规定，其中，第六项，即"Punt 6"，正是我们团队名字的来源，因为这条规定是关于"便于妇女使用的公共空间和设施"的，这在 2004 年看起来是一个非常进步的想法。然而，市政府、城镇、村落不知道该如何落实这条规定，这时，我们作为一家初创的城市规划团队加入其中，为他们引入更年轻的做法。

Q：Col·lectiu Punt 6 的工作是如何为创造女性友好社区或城市做出努力的呢？

A：举个例子，如果回家的路有两条：一条路比较短，但路上只有一个空旷无人的停车场；另一条路比较长，而路上有一些商店、酒吧之类的场所。你会选择走哪一条路？这个问题没有标准答案，但这就是大部分女性时常在心里盘算着的一个问题。我们女性大多会选择较长的那条路，就算

247

要花更长的时间回家，因为我们知道那条路上会有人，我们会感到更安全。

按照这种习惯，如果女性在一天当中需要从事各种各样的活动，工作、买菜、接送孩子等，而且不同场所之间的距离十分遥远，那么一整天的时间就这样流逝了。究其根本，城市活动的接近度（accessibility）关系着女性居民的安全度。因此，我们曾经尝试在巴塞罗那创建一个这样的社区：市场、商店、图书馆、学校……这些场所之间的距离很近，无论你想做什么事都不需要坐车，步行或骑单车即可抵达，从而提高女性乃至全体居民的生活质量。

此外，我们还通过在社区步行，探索哪些黑暗、破旧的地方需要增加照明设施等多种方式提升安全感，为公共交通公司提供研究和咨询服务，以改善女性乘客的体验……因为目前女性往往是承担照顾责任的一方，我们的种种工作都是希望创建一个能满足复杂多变的日常生活、更加有包容性的城市，让城市成为女性友好的环境。

Q：以上这些都是一些发生在真实生活环境中的改变，那么，你们的工作是否带来了一些观念上的改变呢？

A：在西班牙，2005 年的时候没有多少人谈论女性主义。十余年后，女性主义意识已经觉醒了，这事关整个社会大环境的改变，事关很多女性主义者的抗争和努力，而我们的工作则扩大了女性主义在城市规划领域中的讨论。我们还围绕女性主义的城市规划写了一本书和一些指导手册，被许多人阅读过，在西班牙、美国、意大利等国家影响广泛。

《女性都市主义》，2019

生为女性，我们的困境和突破

Q：根据你的工作经验，你觉得当今女性最需要的或最缺乏的东西是什么？

A：首先，我认为我们需要经济自主权。全世界的女性都有可能面临这样的情况，如男女同工不同酬，女性赚得比男性少，还有很多例子证明大多数养育孩子的女性往往更贫穷……我们需要经济自主权并不是为了变得富有，而是想要为自己的人生做决定。比如，如果有的人想与有暴力倾向的丈夫离婚，她需要有自己可支配的金钱。

其次，正如我刚才提到的，因为全世界的女性依然承担着照顾者的角色，尤其是照顾儿童、老人，我们失去了很多自由的时间。如今，许多女性有一份正职工作，同时还有"第二份工作"——照顾父母、子女。我们不得不平衡工作和生活，男性和社会需要为此承担一部分责任。

最后，我还认为女性群体非常需要更多参考、更多榜样。比如，我们在从事女性主义城市规划的工作时，会看先于我们的机构和其他女性的实践。就个人经历而言，我在二十八岁时创立了一个女子乐队，我在里面担任贝斯手。在此之前，我没见过多少女生玩乐队，当时很疑惑为什么只有男生玩乐队。随着女性主义的发展，女性也拥有了更多可能性，2010 年，我在巴塞罗那、马德里见到了很多女性音乐团队。

你看，我们需要更多这样的女性榜样。多年来，我们只看到男性掌管着一切，如果能看到许多女性独当一面地主导某个工作，她们做得很好，这对于更年轻的女性而言是很重要的，她们会因此相信自己也能做到。

Q：现在越来越多的女性意识到了父权制中婚恋关系的压迫而不选择婚恋和生育，寻求一种与女性集体生活、对女性更友好的生活方式，乃至养老方式。你觉得你在建立女性主义社区的实践中，有哪些经验可供全世界女性参考？

A：是的，这是我们正在做的项目之一，目前有四组女性参与其中，这些女性暂时还没完全实现共同生活的目标，我们团队和她们正在为之努力。

单身女性选择共同生活的需求并不罕见。住房在西班牙是一个大问题（可能很多国家都如此），因为涉及高昂的费用，共同居住能相对减少住房方面的支出。同时，生活在一个友好的社区里意味着能有机会与他人相互照顾，比如，避免孤独感，避免暴力、性骚扰、权利关系的问题。

假设一群女人共同生活，有各自的房间，与此同时，她们共用厨房、洗衣房等公共空间，从而有机会发展出其他的共同活动，共度一些时间，还能共同存钱，实现经济目标——小到买午餐，大到翻新一座建筑。而这些都需要长时间的努力，所以，实现女性社区共同生活是一个中期甚至长期的项目。对于建立女性社区，我的建议是尽可能在共创一个社区时明确自己的边界，如想分享什么和不想分享什么。

Q：你在去不同国家时，有观察到什么女性友好或不友好的设施和环境吗？
A：举个例子，乌拉圭的首都蒙得维的亚，一个很小的城市，以及奥地利的

"女性共住"项目（2020—2021），致力于围绕住房建立社区支持和关怀网络，为女性提供公共环境、互助合作、私人生活等各个方面的支持

维也纳，都令我印象深刻，当地有许多改善女性生活质量的项目，这些地方的人有很多新方法值得我们关注。值得一提的是，我因参加"MINDPARK创意大会2023"来到深圳，相比起有很多气候危机问题的西班牙，我发现这里绿化做得很好，到处都能看到树木，这也是女性友好的表现。

其实，环境问题会给女性带来很多负面影响，比如，因为女性普遍体内脂肪含量更高，而环境问题造成的污染物会通过脂肪进入人体，所以女性被有毒物质伤害的可能性更高。还有许多数据证实，当发生环境问题或灾害时，如卡特里娜飓风席卷美国新奥尔良时，当地针对女性的暴力行为大大增加。就算是在日常生活中，鉴于女性总是承担着照顾者的角色，因此暴露在公共环境中的时间更长，也就更容易受到环境问题的影响。

女孩，向前一步！

Q：你觉得在工作中让人们理解女性视角、女性处境最困难的地方在于什么？

A：当女性渐渐获得了更多权利，男性会觉得自己正在失去特权，这就是难点所在。这的确是事实，在过去，男性不需要和女性竞争，而现在，"很抱歉，朋友，但我比你聪明"。

与此同时，还有一些改变正在发生，男性也在逐渐习得女性视角。一方面，越来越多的人意识到女性主义是一种更公平的做法，对社会与社区更有益；另一方面，（托女性主义发展的福）男性现在也有机会承认、接受自己拥有某些特质，如敏感、感性、泪点低等，从而让大众转变观念，认为这些和女性相关的特质并不负面。

后者往往还能促进人们的心理健康，这一点体现在男女不同的友谊形态上。男性朋友之间见面聊天的话题通常是政治、运动等，很少跟对方表达个人的情绪感受，尤其是负面情绪，比如，跟朋友说"我最近有点沮丧"。相反，女性朋友之间总会相互倾诉内心感受。不过，如今在西班牙也有男性开始学习这样做的趋势，因为这确实能改善心理健康，这正是人们今天非常关注的生活重点。

Q：如果你遇到了职场歧视，会怎么应对？

A：尽管 Col·lectiu Punt 6 是一个女性团体，但大多数时候，我们也确实会在更广泛的领域中遇到职场性别歧视的情况。就拿我所在的建筑与城市规划领域来说，我们不得不面对男性说教（mansplaining），就算不是与他们相关的话题，他们也能说个不停。

我们做出的改变就是尽量不要和男人共事（笑），还为此成立了一个女性团队。虽然我们不一定每次都能做到完全避免与男性共事，可一旦我们在工作中发现和某些男性共事寸步难行时，便不会再继续下去了。不过，我们也在工作中遇到过一些优秀的男性。

Q：我们曾在你的 TED 演讲视频下看到一条留言："就是因为 TED 请来这些小女孩把这里变得幼稚无比。"

A：这些事总在发生，当我们谈论女性主义时，会面临很多暴力，几乎每一天都是这样。我大部分时候都选择不看这些评论或拉黑，这些人只会躲在网络社交媒体平台背后如此发言，但当他们和你面对面，比如，和我当面交流——直面这样身材高大、说话声音洪亮的我时，他们就不一定会这样说了。不过，我不在意这些，我把它视为改善社会环境所必须付出的代价。

Col·lectiu Punt 6 在西班牙当地发起的项目"Climate Shelter"，2020

阿玛塔·卢帕本 | Amata Luphaiboon

Department of ARCHITECTURE 工作室联合创始人、主持建筑师

阿玛塔·卢帕本是泰国朱拉隆功大学建筑学一等荣誉学士，美国哈佛大学、华盛顿大学硕士，是东南亚最著名的设计师之一。他设计的公共社区商场 The Commons Saladaeng，重新诠释了商业、社区与人的边界，并于 2017 年获得了泰国文化部颁发的 Silpathorn 建筑大奖。

Amata Luphaiboon

"

为什么要将自己工作中
最有趣的部分拱手让给别人呢?

"

一个案例了解阿玛塔·卢帕本

红亭公共社区商场（The Commons Saladaeng）

这是位于泰国曼谷的一座极富创新力的社区商业建筑。建筑师阿玛塔·卢帕本基于当地的环境与气候，将建筑立面设计为一个以榕树为中心的弯曲凹面。该建筑的亮眼之处在于底层的大型公共露天区域——将部分台阶以灵活的方式做成单元模块，适应社区居民的多元需求。这个项目也意味着，关于"商业建筑难做到社区性与公共性"这一老大难问题，有了创新的答案。

泰国最火的建筑工作室，
说他们无意代表"泰国性"

跳出单纯的建筑设计语境，相信大部分人对 Department of ARCHITECTURE（建筑系）这个建筑工作室的好奇，会首先落在它的名字上。别的不说，用"建筑系"来命名，光是在搜索引擎上就不太讨巧。

在采访阿玛塔·卢帕本之前，我试图先搜索了一些工作室的资料，但输入名字后，排在前面的词条，几乎都是各个名校的建筑系。"是的，很多人跟我反馈过，要搜索我们不太容易，但，想找到我们的人，始终是会找到的。"

> "之所以给工作室取名为'Department of ARCHITECTURE'，是因为很多学建筑的人都觉得，最快乐的做设计的时光就是在学校的时候，一旦走上社会，一切都开始和金钱、效益相关，乐趣也就消失了。我希望自己的工作室能保有一份这样的快乐，享受设计和创作的快乐。"

> "你现在依旧觉得设计是快乐的吗？"

> "当然。"

不想太辛苦工作，但要工作到死

成立于 2004 年的 Department of ARCHITECTURE 以酒店设计起家，后又通过邦盛海滩多功能亭、通罗公共社区商场、朱拉隆功大学建筑系图书馆、"红亭"社区中心等多类型项目，将泰国非酒店类型建筑带进大众视角，被认为开创了以感觉为主的"泰国性"（Thai-ness）建筑，"将亚洲城市中最常见的酒店、商场、文化与教育类型的建筑带进平民阶层，并透过媒体传播真正有意义的泰国当代建筑"。

这些，是外界赋予 Department of ARCHITECTURE 的价值，而从阿玛塔·卢帕本的角度来看，他既没有以推广泰国建筑或泰式审美为己任，亦无心成为"当代泰式"这样宏大的议题下的典范。一切所谓"现代泰式"的表达，都是潜藏在他的审美之中，最后通过设计自然地流淌出来，他自己只是在享受设计的乐趣，并希望留下更多有意义和影响力的作品。

纵然工作室已成立近二十年，他和合伙人仍始终坚持参与每个项目的设计，"每一个项目，我们当中至少有一人要参与其中"。作为管理者，他们要承担很多设计之外的工作，但对阿玛塔·卢帕本来说，身为建筑设计师，工作中最有趣的部分就是创作。"为什么要将自己工作中最有趣的部分拱手让给别人呢？"因此，他们有意控制工作室规模，以保障自己不被过多的管理工作分心。

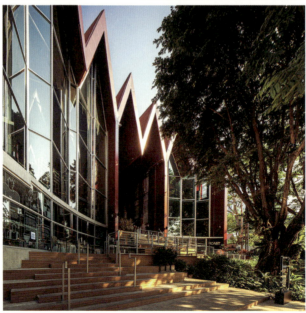

红亭公共社区商场，2020

阿玛塔·卢帕本和他的合伙人曾在同一个设计公司供职，后来一起创办了 Department of ARCHITECTURE。在采访中，阿玛塔·卢帕本毫不吝惜对这位伙伴的欣赏和称赞，认为她是一位富有才华的理想合伙人。

工作室目前有二十四个人，且没有扩张的打算。"在这个规模下，我们能更好地把控设计质量。我们曾经有三十二个人，但那样一来，我要花更多精力去管理。我年纪大了，不想再那么辛苦地工作（笑）。"

话虽如此，但阿玛塔·卢帕本并非一个享乐主义者，相反，他说自己想要"工作到死"。他说泰国建筑师有个非常明显的特征，在达到一定年岁之后便会选择退休，"一来因为已经赚够了钱，还有一个原因就是，他们落伍了，他们的作品不再有新意，甚至可能成为一个笑话。"对此，他直言自己"非常害怕"，但同时，他觉得自己具有设计的"天赋"。或许就是这种担忧和使命感并存的心态，让他能始终对设计抱有热情和坚持。

Department of ARCHITECTURE 会挑选客户，一个重要的标准就是对方想要做一个"特别的项目"。"如果对方只是想要一个赚钱的项目，或者一个和之前的十个项目一样的另一个复制品，那我们彼此不太适合。""一些开发商为了提升利润，会迫使我们降低成本，或者提高空间效率，比如，要求项目里百分之七十甚至更多空间可用于租赁，这种情况下是很难设计出好作品的。"

在他们最出名的项目通罗公共社区商场中，就有超过一半的空间是公共空间。

巨大的木质台阶、开敞的中庭，这些无疑给造访的消费者提供了舒适的休憩区域，可对于业主本身，也就是工作室真正服务的客户来说，如何在让出了如此多的"盈利空间"后，依旧能够实现商业效益？这是他们需要通过设计解决的。

为此，Department of ARCHITECTURE 提出了一种全新的经营模式，即缩小商户面积，仅提供足够容纳厨房和必要烹饪设施的空间，这样一来，每层楼可用以出租的空间就能翻倍。在这种模式下，虽然每家餐厅最多只能摆出几张凳子，但消费者可以到商场提供的公共空间里用餐。

这一方案很好地实现了"三赢"的局面。对建筑师来说，他们有更多公共空间可以发挥创造力，带来更有社会影响力（而不仅是商业盈利）的项目；对客户来说，通罗公共社区商场开放的设计减少了空调使用的空间，减少了设施成本的投入；而对入驻商户来说，虽然他们交纳同样的租金只能获得更小的运营空间，但这也同时意味着他们不需要在室内空间设计上投入太多。

开业八年多，通罗公共社区商场扛过了疫情，今天依旧人流如织，是游客和设计师打卡巡礼的胜地，更是当地人喜爱的休闲场所。它不仅证明了这种设计的成功，也让更多人看到了公共空间之于商业的价值。

通罗公共社区商场，2016

为年轻人设计"打卡地"，但那不是我们的角色

疫情期间，阿玛塔·卢帕本去过通罗公共社区商场。当周边许多小商铺都因为客流量的大幅下降而不得不停业时，通罗公共社区商场足够大的户外公共空间，给笼罩在疫情阴霾下的人们提供了安全感，因为那里能让消费者在保持一定社交距离的情况下享受一刻休闲时光，虽然人流量明显少了，但里面的商铺最终都得以生存下来。"项目完成时，我们对这场疫情一无所知，只想为人们创造一个开放空间，让他们得以享受户外时光，而疫情的出现，可以说证实了这样的空间在商业体中是必需的。"

不光是疫情，人们对消费场所的需求正在变得多样化，购物已经不再是驱使他们走进商场的唯一动力。艺术展览、主题市集、文化活动……这些活动在商业场所中正以明显的速度增长，也同时给建筑设计者提出了新的挑战，要求他们提供一个更具包容性的空间，以满足多圈层、多年龄段消费者的休闲需求。

阿玛塔·卢帕本介绍，在"红亭"社区中心项目中，他们吸取了通罗公共社区商场的经验，在公共空间加入了叉车木托盘，方便挪动、堆叠，增加了空间灵活性，以适应不同种类和规模的活动。在阿玛塔·卢帕本看来，相比于欧洲的一些国家，要把泰国人从屋里吸引出来，难度大太多了。首先是炎热的天气，其次是亚洲相对内敛的文化，"我们必须做得（比西方人）更多，才能吸引人们"。

这种情况在面对年轻一代时或许容易一些，但爱好外出和聚会的他们，也同

时给设计师提出了新的课题。"公共空间必须有一定的视觉冲击力以吸引年轻一代，他们需要一个拍照的地方。我不清楚中国的情况怎么样，但在泰国，很多年轻人在咖啡馆、美术馆或博物馆拍照，换衣服，再拍照。他们去那些地方没有更深的意义，只是为了获得一些能够放到社交平台上的照片，这多少让我有些难过。但是身为设计师，也许我应该看到并适当地去顺应这些需求。"

> "我并不是说我们要为此去设计适合拍照的景观和建筑，不，那太肤浅了。但如果好的建筑和元素、好的公共空间，能够让年轻人感兴趣，那就再好不过了。专为他们打造一个取景地，那不是我们的角色，但我们需要平衡，在视觉冲击力之上，为空间注入更深刻的含义——不是为了教育他们，只是提供更有深度的东西，让人们能够讨论和感受。"

他非常欣赏纽约的高线公园，称其为"当代最好的公共空间之一"："它太迷人了，让一个曾经肮脏、有些危险的地方重新焕发了活力，充满包容性。"这也是为什么阿玛塔·卢帕本至今仍旧能从工作中体会到乐趣和意义。

Department of ARCHITECTURE 的另一重含义是希望传递一种严肃感，当身处其中的建筑师像在学校里一样，对设计葆有初心和热情时，他们亦像"做学术"一般在认真对待这件事。"你从事这个工作越久，越会意识到你所做的不仅是好玩的、有趣的，它对人、社会甚至国家，是能产生积极影响的。当然，那可能需要很长一段时间，或许十年。我的公司已经成立十九年了，我们开始对建筑、社会、年轻设计师和公众产生一些影响力，这是一种很好的感觉，给我带来了比完成一个项目更大的快乐。"

在艰难的时期，去沉淀更好的作品

作为东南亚地区知名的建筑工作室，Department of ARCHITECTURE 和中国的业务往来非常频繁，阿玛塔·卢帕本本人更是在成立工作室之前，就曾几次参与中国的项目。不过，今天的环境确实带来了很多困难。曾经，他在某次公开演讲中透露，工作室近半数的业务来自中国，但如今已大幅缩减。

"我们现在更关注中等规模及小规模的客户，相较于大客户，他们似乎经营得更好。或许因为相较于大客户，它们的业务更聚焦。现在的项目确实少了，也更小了，但设计师还是那么多，这在某种程度上意味着，你们可以一起把一个项目做得更好。"

"过去二三十年中，我们也经历过类似的危机，但那时候的建筑反而变得更好了。当生意太好的时候，你可以设计任何东西，怎么样都会有人买单，对吧？但每当经济很好时，建筑的品质就会变差，这个现象很明显。"

"但是当前景黯淡，资金越来越难筹措时，设计师们将有更多时间来深入一个项目，交付更好的作品。当然，你首先要生存下去，可能需要找第二份工作。这种艰难的岁月过去也是发生过的，而未来三四年，也许

> 还会是这样。我能给出的建议就是，利用这段时间去沉淀非常好的作品，当经济好起来时，你能用这些好的设计重新站起来，并给大家提供新的参考。"

这对你来说或许不是一个"良方"，你可以把这当作一个"成功者"的鸡汤，也可以认为这是已然拥有知名设计师头衔的他，站着说话不腰疼的发言，但和他聊了两个多小时的我觉得，你或许可以将这段发言视作一位真正热爱建筑的设计师，发自内心的、以之对抗当下焦虑的信念。

在和阿玛塔·卢帕本的相处过程中，我感觉他是一个非常松弛，在专业上又非常清醒的人。一方面，他会很犀利、直接地抨击自己国家的政府在公共设施建造上的懒惰，但与此同时，他没有愤世嫉俗，而是将之转化为自身打造更多优秀作品的原动力。

另一方面，当我询问他近期在关注什么行业趋势或技术，以期获得一些来自知名设计师的前沿观察时，他却坦言，高科技对他们来说太昂贵了，他最近将更多重点放在了本土工艺和本土建造方式上，希望能够找到新的方式，赋予传统材料和传统制造以新生命。小庇护所酒店便是一个很能体现阿玛塔·卢帕本对本土技艺和文化关注的项目。这座位于清迈的建筑，以泰国北部传统手工艺为灵感，其内部的定制艺术装置的灵感则来自泰国经典的 Boh-Srang 伞。

他说，这或许是更适合发展中国家的视角，"比拼高科技，也许我们永远都

小庇护所酒店，2019

负担不起，但我们可以为客户选择我们所拥有的"。这种清醒，可能就是他口中所说的"天赋"吧。他还说，希望尽可能利用上天赋予的这项能力和技术，直到自己离开。

图书在版编目（CIP）数据

提案者 . 2 ／ TOPYS. 编著 . —桂林：广西师范大学
出版社，2024.7
ISBN 978-7-5598-6996-8

Ⅰ.①提… Ⅱ.① T… Ⅲ.①艺术家－访问记－世界－
现代 Ⅳ.① K815.7

中国国家版本馆 CIP 数据核字 (2024) 第 099961 号

提案者 2
TI'ANZHE 2

出 品 人：刘广汉
责任编辑：孙世阳
装帧设计：陈思霖　马韵蕾
广西师范大学出版社出版发行

（广西桂林市五里店路 9 号　　邮政编码：541004）
网址：http://www.bbtpress.com

出版人：黄轩庄
全国新华书店经销
销售热线：021-65200318　021-31260822-898
恒美印务（广州）有限公司印刷
（广州市南沙区环市大道南路 334 号　　邮政编码：511458）
开本：890 mm×1 240 mm　　1/32
印张：8.75　　　　　　　　字数：180 千
2024 年 7 月第 1 版　　2024 年 7 月第 1 次印刷
定价：88.00 元

如发现印装质量问题，影响阅读，请与出版社发行部门联系调换。